新版・
おもしろ
経済学史

歴史を通した現代経済学入門

山﨑好裕 著
Yoshihiro Yamazaki

ナカニシヤ出版

はじめに——なぜ経済学史を学ぶのか？

　経済学は，私たちの生活に直接，深く結び付いた経済を対象とする学問でありながら，取っ付きにくいというイメージがある。その大きな原因は，いわゆる文科系の学問としては珍しく数学を駆使して表現や分析をする点にあると思う。このことがまた，経済学は抽象的な数学計算やデータの処理ばかりしていて，現実の経済には役立たないという批判を呼ぶ理由にもなっているように思うのである。

　ただ，これは正しい批判と言えるだろうか。たとえば，医学でさまざまな病気の治療法を開発する場合，膨大な基礎研究や実験によって人体や病原体の仕組みを明らかにすることが欠かせない前提となる。また，便利な機械を作り出してくれる工学の分野でも，一見浮世離れしたような物理学の理論や研究を基礎として，重要な発明や開発がなされるのである。もし，経済学と，今申し上げたような分野に本質的な違いがあるとすれば，医学や工学ではその基礎研究も開発もともに研究者が行なうのに対し，経済学ではその「応用」や実践が，経済の中の当事者である企業の方々や政策担当者によってなされるということだと思う。そのため，経済学者は，何か現実とは関係ないところで抽象的な論文を書いているというイメージになるのだと思うのである。

　こうした経済の仕組みやメカニズムの研究にとって数学は大きな武器であり道具だ。また，その研究結果を数学のかたちで表現することは，正確さ，シンプルさという面でたいへん便利なことである。ただし，そのことが経済学を専門としない人にとっては，理解への妨げとなっていることも否定できない。私は，かねてから，専門的な経済学の中味を苦労しなくてもわかるような形で，しかも，できる限りその面白さや厳密さを失わずに伝える人がなくてはならないと思ってきた。このごろいろいろな分野で話題になってい

る学問のインタープリター（翻訳者）である。私は経済学の歴史を研究しているので，歴史を通して経済学の意味や楽しさ，現状を伝えることを考え，大学でもそんな講義を目指してきた。この本は，大学生はもちろん，一般の社会人の方々にも軽い気持ちで読みながら，経済学の歩みと今とを知ってもらうために書いたつもりである。歴史を通した現代経済学入門というつもりで読んでほしい。取っ付きにくさをなくすために，数式計算は一切使わず，最後まで数値例と図だけで説明することを自分への課題として課した。また，経済学史のテキストとしての厳密さにもあえてこだわらず，読み物としての性格を強く出すようにしている。この本を読んで経済学の歴史に興味を持たれた方のためには，巻末で，より進んだ学習のためのテキストをご紹介している。

　歴史を通して経済学を学ぶことには，次のようなメリットがあると思う。1つは，経済学を学びやすくするということである。経済学と言っても現代では多くの分野に分かれ，それぞれの分野で必読文献も少なくない。そのため，初めて学ぼうとして全体像が摑めないために挫折してしまう方も多いように思われる。経済学の歴史を学んでおけば，どの分野がどんなことを扱っていて，他の分野とどんなつながりを持っているかが比較的簡単にわかるだろう。この本は，いろいろな目的で経済学を学ぶ学生・社会人といった皆さんのための簡単な道しるべとして役立つだろう。

　また，経済学の中のさまざまな公式や考え方は，それ自体としては無味乾燥でお世辞にも面白いとは言えないものだ。しかし，その考え方を開発・発見した経済学者が，いつの時代にかいたはずである。そして，彼は，私たちと同じように生活し，時代と格闘していたはずなのである。ある理論を学び理解するときでも，ただそれ自体を勉強するより，その理論が，どんな経済学者によって，その時代のどんな経済問題を念頭において開発されたかを知っていた方が，親しみも湧くし記憶も容易だろう。これが2つ目のメリットだ。歴史を通して経済学を学ぶことによって，コンピュータやインターネットとともに，経済理論も駆使して現代の激動の経済を生き抜いてもらいたい。

私の専門である経済学史の面から言えば，経済学の歴史の描き方にはいくつかのやり方がある。経済学が未開の状態からひたすら一直線に発展してきたという見方は今ではまれだ。今は，経済の見方もさまざまなものがあり，経済学も1つの考え方から別の考え方へと断絶を繰り返しながら発展してきたというように考えるのが普通である。ただ，天文学や物理学などの自然科学と経済学とが異なる点として，新しい考え方に一度とって代わられた考え方も，批判的な学派として残存することも指摘されている。この面を強く考えると，結局，経済学の考え方は相対的なもので，どれが正しいとか間違っているのだとは言えないという意見になるだろう。しかし，私には経済学の歴史を通して1本の発展の道筋が貫いているように見える。そして，それは経済学に使われる数学や技法などの発展によって支えられ，人によって異なるかもしれない経済思想とは区別される確かさを持っているように思われるのである。ある方程式をめぐって，経済的な意味づけは10も20もあるかもしれないが，その方程式の性質や解は1つである。そして，ある方向で経済学が厳密化され発展してきたのは，現実の経済の仕組みやそこに生きる人々の経済観に経済学がマッチしていたからにほかならないだろう。

　しかし，時代と状況が変われば，経済の在り方も変わる。当然新しい経済問題も発生してくるだろう。地球環境問題はその最たるものであろう。これまでの経済学がそうした新しい問題の原因と解決策の研究を自らのうちに取り込めれば問題はない。しかし，それが不可能になったとき，まったく新しい経済観，したがって，まだ見ぬ全く新しい経済学が必要になるかもしれない。経済学の歴史を学ぶことは，こうした展望のために，今の経済学を文字どおり相対化することでもあるのだ。

　シュンペーターという経済学者は優れた経済学史家でもあったが，経済学を構成する要素として**ビジョン**と**ツール**の2つをあげた。ツールとは数学に代表される経済分析のための道具や技法である。彼の言葉を借りれば，この本の経済学史はツールの歴史を志しているということになる。ビジョンとは，経済現象や経済制度，社会の在り方についての見方，思想のことである。私

自身は，大学でこの本の元になった「経済学史」という講義とは別に，さまざまな思想家のビジョンを歴史的に紹介する「経済思想史」という講義も担当している。この本を受け入れてくれた皆さんには，今度は私の経済思想史についての本を手にとってもらいたい。

目　次

はじめに——なぜ経済学史を学ぶのか？　　i

1　ケネーと重農主義 …………………………… 3
2　アダム・スミスと経済学の曙 ……………… 9
3　リカードと古典派の体系 …………………… 15
4　ジェボンズとメンガー ……………………… 21
5　ワルラスと一般均衡理論 …………………… 31
6　ベーム‐バヴェルクと迂回生産 …………… 37
7　限界生産力説の導入とヴィクセル ………… 43
8　パレート最適とエッジワースの箱 ………… 47
9　マーシャルとケンブリッジ学派 …………… 55
10　ピグーの厚生経済学 ………………………… 63
11　フィッシャーの利子論 ……………………… 69
12　ヒックスと消費者理論の拡充 ……………… 77
13　厚生経済学の新展開 ………………………… 83
14　不完全競争理論の形成 ……………………… 89
15　ケインズ革命の波紋 ………………………… 97
16　経済の成長と変動 …………………………… 105
17　新古典派成長理論の帰結 …………………… 111

18	計量経済学と産業連関分析 ………………	117
19	ゲーム理論の誕生と発展 …………………	125
20	一般均衡の安定条件と存在証明 …………	133
21	社会厚生関数と一般可能性定理 …………	139
22	不確実性と情報の経済分析 ………………	145
23	新古典派総合の成立 ………………………	151
24	新古典派マクロ経済学の登場……………	157

さいごに　163

文献リスト　164

人名索引　169

事項索引　170

新版・おもしろ経済学史
――歴史を通した現代経済学入門――

1

ケネーと重農主義

■ François Quesnay, *Tableau Economique*『経済表』1759 年

　経済学がいつ始まったかはなかなか難しい問題である。ギリシアの哲学者である**アリストテレス**の文章の中にすでに経済学の萌芽が見られるし、中国の春秋戦国時代の諸子百家はいかにして国を富ませるかを考えた。日本でエコノミクスを経済学と呼んでいるのも、中国の経世済民という言葉が元になっている。

　しかし、そんなことを言っていると本当に現代経済学まで行き着かなくなってしまうので、私たちは、18世紀フランスの**重農主義**と呼ばれる考え方から見ていくことにしよう。

　重農主義は読んで字のごとく、農業をもっと大事にしようという政治的主張を持つ考え方である。しかし、この言い方は実は日本特有のもので、本来フランス語では、フィジオクラシーと呼ばれていた。民主主義のことをデモクラシーということをご存知だろう。デモクラシーというのは本来は民衆を意味するデモの部分と支配を意味するクラシーの部分とを合成した言葉である。これと同じように、フィジオクラシーというのも、実は自然の支配という意味なのである。さらに、正確に言えば、このフィジオクラシーというのも、後から与えられた呼称で、この学派の創始者が活躍したころは、彼らは

エコノミストと呼ばれていた。その当時はエコノミストといえば彼らしかいなかったのだから，当然のことかもしれない。

　重農主義の創始者は**フランソワ・ケネー**である。彼の職業は今で言う経済学者だったのだろうか。そうとは言えない。当時は経済学という学問はまだ確立していなかったし，大学でそれを教えるような仕組みもできてはいなかった。そもそも，近代的な大学の制度ができ上がっていなかったのだから。

　ケネーはフランスのブルボン王朝に仕えた医師だった。よく日本の時代劇を見ると殿様や将軍が病気のときに侍医というお医者さんが出てくるだろう。あのような人を思い浮かべるとよい。彼は宮廷のサロンで多くの学者と話すうちに政治や経済に深い興味を持ち，経済の仕組みを学問的に探究するようになっていった。彼の認識のまったく新しい点は，経済が１国全体として一つの循環を形成しているということだった。人体の血液が心臓から全身をくまなく巡り再び心臓に返ってくるように，国内で生産される**財**も流通を助ける**貨幣**も**階級**の間を巡って落ち着くべきところに落ち着くというのである。そう，医者だった彼は，当時最新の医学の成果であった心臓を中心とする血液の循環図を参考にして，経済の循環図を作成したのだった。このような研究が成り立つ基礎には，自然や人体が人間によって明らかにされるべき自然の秩序を持つのと同じように，人間が作り出している経済にも，それ自体意図したわけではないのに自然に作り出された秩序が存在しているという認識がなければならない。当時すでに自然法という考え方があり，人間社会には神が与えた目に見えない秩序が存在しているのだということが信じられていた。ケネーはこの考え方に基づき，経済にもそうした自然の秩序が存在していることを示そうとしたのである。経済はその秩序に基づいて自然に無理なく運営されるべきであり，それを歪めるような作為は有害であるというのだ。これこそ，彼らの学派が後に，先に述べたような意味でフィジオクラシーと呼ばれた理由なのである。

　この主張は単に理論的なものではなく，当時のフランスの政治的な状況に向けられたものだった。当時フランスでは，ブルボン王朝の財政的な破綻が

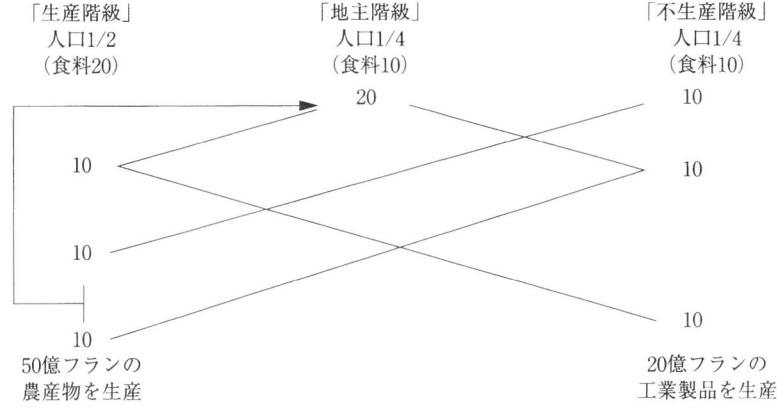

明らかになるなかで、富国強兵の策として、金銀細工などの工芸品を輸出してお金を稼ぎ、それによって国を豊かにしようという政策がとられていた。この考え方はその政策を推進した宰相の名前をとって**コルベール主義**と呼ばれている。そのために工芸品を作る職人の手間賃を低く抑えることが必要と思われた。手間賃は彼らの毎日の糧を得るのに使われる。それを低く抑えるためには、口に入る農産物の価格を低く抑えなくてはならない。そのことが実際、政策的に推進されたのである。当然の結果として農民は苦しい生活を余儀なくされ、農村は疲弊していった。このような状態はどこか間違っている。自然な秩序ではない。人為的な農産物の価格統制は、あるべき秩序を歪めることによって、かえってフランス経済を停滞させているのだ。職人たち、そして、王侯貴族の生活を支えているのは唯一生産的な農業だけである。フランスの経済を振興し生活を豊かにするには農業の発展をはからなくてはならない。これがケネーの主張であった。

ケネーの時代、経済の分析に数学モデルを使う条件は整っていなかった。そこで、ケネーは数値例を使った表の形で１国経済の分析を行なった。まず、上の図をよく見てもらいたい。ジグザグの矢印が引かれた変な図とお感じになるだろう。これがケネーの作成した**経済表**というものである。１年を通じて貨幣のやり取りが３つの階級の間で行なわれ、その背後で１年の生産物が

必要な階級に行き渡る様子を表している。1年の循環が完了したあとで見ると，貨幣はもともとの持ち主のところに戻っているし，翌年の生産のために必要なものはきちんと必要なところに補充されている。

　実は，これでもケネーの作った表のうち一番簡単なものをもっと簡略化した図なのだ。ケネーが作ったもともとの図は当時の人々が理解するのがとても困難で，それを理解することが彼らの学派に入るための関門のような役割を果たしていたようである。そのため，ケネーの学派には一種，秘密の宗教結社のような性格もあったと言われている。

　表の一番上に経済を構成する3つの階級が書いてある。**生産階級**というのは農民のことである。ケネーは，農民が，自分たちが食べる以上の食料を生産することに着目して彼らをこう名付けた。次は**地主階級**だ。これは土地の所有を生活の基盤としている王侯貴族のことを指すが，ケネーの図では真ん中に書かれたこの階級が自分たちの生活に必要なものを買うことで1年が始まる。つまり，経済のポンプ，人体であれば心臓の役割を果たしているわけだ。これは当時の社会状況を映したものであると同時に，ケネー自身が宮廷の生活者であったことを反映しているのだと思われる。最後の**不生産階級**は道具や贅沢品を作り出す職人のことである。品物を作っているにもかかわらず職人がこのように呼ばれるのは，彼らが自分たちの生活に必要以上の収入をあげることができず，王侯貴族を支える税を払うことができないという想定がされているからである。これはケネーが自分自身の政治主張を強く表わすために行なった誇張でもあろうが，実際，工業の生産性が当時は極端に低かったことの現われでもあろう。

　さて，それぞれの階級はこの国の人口のうち，それぞれ2分の1，4分の1，4分の1を占めている。そして，それぞれが1年間に食糧を20億フラン分，10億フラン分，10億フラン分食べることを覚えておこう。また，農産物は1年間に50億フラン分が生産され，工産品は1年間に20億フラン分が生産される。貨幣は1年の最初に地主階級のところに20億フラン，不生産階級のところに10億フランある。

まず，経済の心臓である地主階級から始めよう。地主階級は手持ちの貨幣20億フランのうち10億フランを生産階級に支払って食糧を買う。これで彼らの1年間の食糧は確保されたわけだ。残りの10億フランは不生産階級に支払われ，装飾品，家具，馬車などが購入される。

　次に不生産階級はどうだろうか。彼らは手持ちの10億フランを生産階級に支払って，まず，今年の生産活動のために原材料を手に入れる。次に，そうして生産した工産品のうち10億フラン分を地主階級に売って貨幣を手にする。不生産階級はこれを生産階級に支払って，自分たちの1年間の食糧を確保する。工産品の残り10億フラン分は，農機具の買い換え分として生産階級に売られることになる。差し引き，10億フランの貨幣が不生産階級の手元に残ることが分かってもらえるだろうか。

　最後に生産階級はどのような取り引きをするのだろう。彼らは当初貨幣を全く持っていない。しかし，食糧を地主階級と不生産階級にそれぞれ10億フランずつで売り，工産品の原材料を，不生産階級に10億フランで売るから，都合30億フランの収入をあげている。ただ，今年の生産に必要な農機具の買い換えのために10億フランを不生産階級に支払っているので，手元には20億フランが残っているわけだ。農民は自分たちの食糧20億フラン分はすでに確保しているから，現金20億フランはいわば余分なお金である。これは翌年の地主階級の生活を支えるために**地代**として徴収される。確認していただきたいのだが，以上の結果，貨幣は今年の最初と同じ持ち主のところに戻っている。したがって，次の年も今と全く同じことが再び繰り返されるになるのである。

　ケネーたち重農主義者はこのようにフランス経済の振興のために農業を自由に発展させるべきことを訴えたが，ブルボン王朝は破滅への道を歩み続け，最終的にフランス革命を招くことになった。そして，フランスは，産業革命を経て世界の工場へと向かって前進していくイギリスを横目に，政治的混乱を続けることになる。

アダム・スミスと経済学の曙

■ Adam Smith, *An Inquiry into the Nature and Causes of the Wealth of Nations*『諸国民の富』1776年

　フランス革命に先立つこと10年あまり，アメリカは産業革命の始まりつつあったイギリスから独立を成し遂げた。これと同じ年，学問としての経済学の本格的な始まりを告げる著作が刊行されている。誰でも一度は名前を聞いたことのある経済学の古典，**アダム・スミス**の『諸国民の富』である。実はこの書名は『諸国民の富の本質と原因に関する研究』という長いタイトルを縮めたものである。日本人も結構，言葉の省略が好きであるから。私は，この本質と原因というところが重要ではないかと思っている。『諸国民の富』という書名だけ見るといかにして国を富ませるかについての政策主張の本という気がするだろうが，アダム・スミスは学問の対象として経済を探究しようとしたのであり，学問とはまさに，直接的な実用論を超えて物事の本質と原因を突き詰めて考えるものだからである。アダム・スミスはイギリスの北部，スコットランドのグラスゴー大学の先生であり，学者を職業としていた。彼は天文学やニュートンの物理学をお手本にして，人間や社会を対象にした道徳哲学という学問を完成させようとしていた。その一部として追究したのが今私たちの知っている経済学だったのである。

　もちろん，『諸国民の富』の中には，当時のイギリスの情勢を踏まえた政策

的な主張も色濃く感じとれる。当時のイギリスの経済政策をめぐる主張としては，長く**重商主義**と呼ばれる考えが中心だった。もっとも，この呼び方はスミスが自分以前の経済的主張を批判するために付けた呼称が元になっていて，その中身は浅薄なものから意味あるものまでいろいろである。ただ，これらに共通しているのは，イギリス経済の発展のためには政府の積極的な通商政策が必要だという主張と，国の豊かさを計る目安に**貿易黒字**をあげるということだった。

　スミスはこの考えに真っ向から反対する主張を展開する。彼は，国の豊かさを計るのは貿易黒字ではなく，国民が毎年毎年行う**労働**の生産物であると言う。そして，こうした生産物をより多く手にするには，国民ができるだけ生産的な労働に従事することと生産的な労働の能力を高めることが大切だと考える。労働の生産性を高めるためには，**分業**をどんどん推し進めることが大事だとスミスは言う。皆さんは分業と聞いて，おやっ，奇妙に思われるかもしれない。しかし，スミスの生きた時代は，生産現場への機械の本格的導入以前であった。**工場制手工業**，つまり，**マニュファクチャー**と呼ばれる，作業場に多くの労働者が集まって分業と流れ作業によって製品を作っていく形態が世の中に広まっていた。それ以前の職人仕事に比べて，この作業方法が持つ高い生産性にスミスは注目したのである。彼の『諸国民の富』は，この分業の持つ効果への驚きに彩られている。スミスには，社会全体も工場と似た分業でつながっているというイメージがあったように思われる。

　それでは，生産性を高めてくれる分業はどうやったら促進されるのだろうか。スミスは，それは市場を拡大することによってであると言う。市場を拡大するためには，政府が国境を境にして貿易の制限を設けることは逆効果である。お互いの国が自国の生産物を輸出しあったほうがいいに決まっている。スミスの考えは自由貿易の主張へとつながっていく。

　学者であるスミスは，上のような将来展望に基づく政策主張を裏付けるものとしても，学問としての経済学を構築し，利用しようとした。その中心となるのは，たくさんの生産者，たくさんの消費者がいるにもかかわらず，整

| 小麦
（1袋） | 小麦 40 | 賃金
20 | 利潤
15 | 地代
5 |

| パン
（1斤） | 小麦 35 | 賃金
5 | 利潤
10 |

然と売買が行なわれる**市場**と呼ばれるメカニズムの不思議さであった。経済学の故郷はまさにこの驚きにこそある。この売買をとり仕切るのは**価格**とその変化である。その不思議な価格を決めるものは何であるのか，このことを考えるのが**価値論**という一連の議論であった。

　スミスは，品物の価値を決めるのは人々がそれを得るために費やす労働の量であると考えた。彼は，人々は労働という貨幣を支払って自然から生産物を買い取る，といくぶん詩的に表現している。彼の労働に基づく価値論はいろいろ複雑な面を持っているが，ここでは，ある製品の生産に費やされた労働の量がその製品の価値を決めるという考え方について説明したいと思う。

　上に帯グラフのような図が示されているが，これは小麦とパンという2財の価格の内訳を表わしている。数字が現実的でないのはご容赦いただきたい。小麦1袋の価格は80ポンドだが，その内訳は種粒として使われる小麦の価格40ポンド，労働者に支払われる**賃金**20ポンド，農業経営者の**利潤**15ポンド，地主に支払われる地代5ポンドとなっている。他方，パン1斤の価格50ポンドのうち，原料の小麦の価格が35ポンド，パン職人に支払われる賃金が5ポンド，パン屋の経営者の利潤が10ポンドとなっている。この2つの財は生産にこれ以外の要因を使用しないので，価格や価値の関係もこれだけで完結している。また，次のことも確認しておこう。賃金が1時間あたり5ポンドだとすると，小麦1袋とパン1斤の生産に直接に必要な労働時間はそれぞれ4時間と1時間である。

　アダム・スミスたちの時代には生産にかかる期間を1年と考え，その生産のために1年の初めに用意しなくてはならないお金を**資本**と呼んでいた。こ

2　アダム・スミスと経済学の曙　　11

の資本に対して1年の終わりに得られる利潤の割合はどうなっているだろうか。農業経営者は，小麦1袋の生産で1年の最初に60ポンドのお金を支払って種籾を買い，労働者を雇う。その結果，収穫の秋には60ポンドを回収した上に20ポンドのお金を手にする。ただ，彼は借りている土地に小麦1袋あたり5ポンドの地代を払わなくてはならない。結局利潤は15ポンドになり，1年の最初に準備したお金60ポンドに25％の率で儲けが付いたことになる。パン屋の生産期間を1年と考えるのは無理だが，原料の小麦と職人の賃金は1年の初めに用意するものとして，小麦の生産と同様に考えよう。すると，パン1斤あたり40ポンドのお金を1年の最初に用意して利潤が10ポンドだから，やはり，25％の率で儲けが付いている。経済の中に存在するそれぞれの業種で，もし，儲けの率の違いがあれば，生産量が変化したり財の価格が変わったりして，率が等しくなるように調整が起こるというのが，アダム・スミスの見えざる手の1つの側面である。

　さて，経済で現実に今見たような価格や費用の関係が成り立っているとき，背後にあってそれらの関係を決めている財の価値はどうやって見出せるのか。この本質を探ろうとする問題意識が，アダム・スミスを経済学の父たらしめたものであった。すでに述べたように，アダム・スミスは財の生産に費やされる労働の量が価値を決めると考えたのだったから，小麦1袋4時間に対してパン1斤1時間と考えていいものだろうか。そうではない。なぜなら，小麦を生産するための種籾やパンの原料である小麦にもそれぞれ労働が費やされているのに，今述べた内容では直接の労働しか考えていないからだ。たとえば，小麦だったら，40ポンド分の種籾には2時間の労働と20ポンド分の種籾が含まれているはずである。さらに，その20ポンド分の種籾には1時間の労働と10ポンド分の種籾が入っている。このように生産の経歴をどんどんさかのぼって間接的に費やされた労働の量も加えなくてはならないのである。ただ，このやり方は少し手間がかかりそうだ。そこで，こんな計算を考えてみよう。

　小麦1袋に含まれる労働の量を□としよう。小麦1袋の生産には小麦半袋

が種糧として必要であり，それにさらに4時間の労働が加わるから，次の式のような関係が成り立つだろう。

$$\Box = \Box \times \frac{1}{2} + 4$$

　式の右側と左側を見比べればすぐお分かりになるように□には8が入る。つまり，小麦1袋の生産に費やされる労働の量は，トータルで8時間ということだ。これが求められればパン1斤に費やされる労働もすぐに求められる。パンの原料は小麦35/80袋だ。だから，8時間×35/80に直接の労働1時間も加えて，4.5時間が求める結果である。

　こうして求められた財の価値は財の価格を本当に決定していると言えるのだろうか。小麦1袋とパン1斤とに費やされた労働の量の比8対4.5は，整数に直すと16対9である。これに対して，現実に経済で使われている価格の比80対50は16対10になる。両者は近いといえば近いのだが，食い違っていることは明らかだ。アダム・スミス自身は，このズレについて，経済が原始的な状態から複雑なものに発展してくるにつれて価格は労働の量に比例しなくなると書いた。次の章で見るリカードは，このズレに気づきながらも，労働に基づいた価値の計算の簡単さを重宝がり，価格の近似的な表現として労働の量を用いた。また，社会主義運動で活躍し経済学に関する著作も残した**マルクス**は，このズレは利潤や地代があるために生じているとして社会主義を支援する理論の構築に利用した。私たちは，この労働に基づく価値論について，財の価格決定を説明する理論それ自体としては間違っているものの，理論的な深みを持った学問としての経済学への扉を開いた考えとして歴史的に評価すべきであろう。

　生涯独身であったアダム・スミスは，亡くなる前に書きかけの原稿をすべて焼き払わせたそうである。かくして，完成された著作に豊かな思考のすべてを注ぎ込んだ偉大な一経済学者の足跡は，今も経済学の将来を照らし続けている。

3

リカードと古典派の体系

■ Ricardo, *On the Principles of Political Economy and Taxation*『経済学および課税の原理』1817年

　アダム・スミスの死後，イギリス経済は彼の予言に従うかのように発展を続け，19世紀に入ると「世界の工場」と呼ばれるまでになっていった。財の生産に工場の様式と機械が導入され，綿織物を中心とした繊維産業が発展していった。この大きな変化は，社会的には，従来の身分制度に基づく階級に代えて，経済的な役割分担に原因を持つ新たな階級制度を生み出していく。それは，**資本家**，**労働者**，**地主**という3つの階級からなる社会であった。旧来の貴族層は地主階級に入る。また，資本家も，工場主である産業資本家と，欧米世界の金融中心であるシティを牛耳る金融資本家の2つに分けられるが，ここでは一括しておこう。

　いわば，基本的に現在の経済と同じ仕組みが確立したわけだから，経済学も本格的な発展の時期に入っていく。アダム・スミスの仕事を受け継ぎ，厳密な思考によって価格と生産の関連を明らかにしようとしたのは，シティの証券仲買人出身の**リカード**であった。彼の著作『経済学および課税の原理』によって，近代の経済学の体系は完成され，それは後に**古典派の体系**と呼ばれた。

　ユダヤ系の家系に生まれ，父親もシティの証券仲買業を営んでいたリカー

ドは，宗派の違うキリスト教徒の女性との結婚を反対され，父親と袂を分かつ。リカードの本に挑戦してその難解さや冷徹な論理に泣かされたことのある人なら意外に感じることだろうが，彼はたいへんな情熱家なのである。苦労の後に，彼は，ナポレオンとの戦争にあたって発行されたイギリス国債の引受に成功して大きな財産を築く。友人マルサスの勧めで当時のイギリスの経済政策をめぐる論争に参加することを通して経済学に強い興味を持ったリカードは，田舎に土地と邸宅を買って若くして引退した。その後は，経済学の研究だけでなく，実際の政治活動にも，国会議員として，また，そのブレーンとして活躍した。その後半生の活動の中心が，当時のイギリスで輸入小麦に高い関税をかけていた穀物法の廃止に関わるものだった。

　穀物法というのは，ナポレオン支配下のフランスとの戦争が終わり，大陸から入ってくるようになった安い小麦から国内の地主を守るために制定されたものであった。これに対して，新興勢力であった産業資本家は人件費の低下を通じて生産費を抑えることを狙って穀物法の廃止を主張したのであった。国の中に新旧2つの政治勢力があるわけだから，どちらの主張がイギリス国民全体の利益に結び付いているかが政策決定の鍵を握ることになる。この正当化のために理論的な根拠が必要になるわけで，ここに経済学者が必要とされた理由があった。

　リカードは産業資本家の側について穀物法廃止の論陣を張ったが，これに対抗したのは，牧師としての仕事の傍ら多彩な言論活動を展開していたマルサスだった。2人は生涯，よきライバルとして論争を戦わせたり手紙のやり取りをしたりして，互いを刺激しあい，親交を深めた。リカードが死の直前にマルサスに送った手紙の中で，「君が私を批判してくれたからこそこれだけ友情が深まった」旨の言葉を記しているくだりは，読むたびに胸に迫る。

　リカードの理論は多岐にわたる厳密なもので，短いスペースで全体像を示すのは難しいのだが，彼の経済学全体を見通せる資本の蓄積と経済成長についての議論を数値例で説明したいと思う。次頁に長方形の図が描かれているが，これはイギリス国内の土地を表わしている。そして，土地の等級は3つ

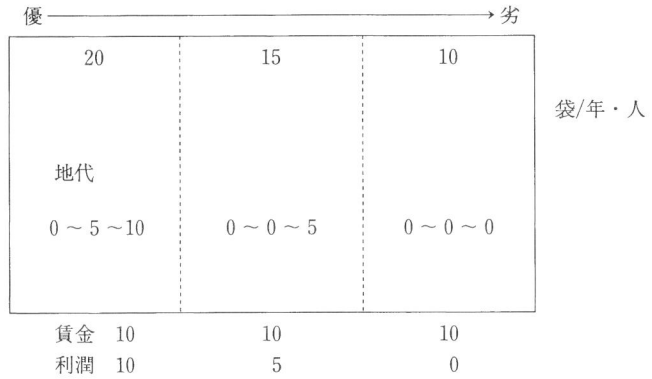

あり，図の左から右に行くほど農業生産の少ない劣った土地になると考える。点線で区切られた四角の上の方にいくつかの数字が書き込んである。これはそれぞれの土地で1年間に1人の労働者が生産する小麦の量を何袋の単位で示したものである。また，四角の下の方や図の下にも数字があるが，それぞれ地代，賃金，利潤を小麦何袋かで表している。

まず，初めに，イギリス経済の初期段階，資本がそれほど蓄えられていない頃を考えよう。資本家は1年の最初にその資本で労働者を雇い，1年間の生産を行なうわけだが，資本が少ないので雇われる労働者は少なく，したがって，国内の人口も少ないはずである。なぜなら，労働者は雇ってもらえなければ食べていくことができないわけだから。そうであれば，国民の生活に必要な小麦も少なく，農業の生産規模は小さいので最も優等な土地ですらまだ空きがある。資本家は高い地代を吹っかける地主がいればその人とは契約をしなくてもいいのだから，地代は押し下げられてほとんど0になるだろう。ここで，労働者の家族が生活していくにはどうしても小麦10袋が必要であるとしよう。賃金がいつもこの生活に必要な水準にあるとすれば，利潤は労働者1人当り小麦10袋になることが図の数字から分かる。

資本家は利潤の一部は自分の生活に費やすだろうが，その残りは事業の拡大のために蓄える。資本が蓄積されればそれで雇える労働者が増え，その分だけ国民の人口が増えるだろう。人口の増加は農業生産の増加を促し，その

結果最も優良な土地はすべて耕され，中くらいの等級の土地まで耕作が進んだとする。中くらいの土地にはまだ余裕があるので，さきほどと同じ理屈でそこの地代は 0 である。1 人あたりの生産量 15 袋から賃金分の 10 袋を引けば，中くらいの土地で事業をしている資本家の利潤は小麦 5 袋になる。これと比較して，最も優等な土地で事業をしている資本家は，もし，地代がなければ先程見たように小麦 10 の利潤を稼げることになる。このような不公平が許されるだろうか。不利な条件の資本家がそのことに気づけば，最も優良な土地の地主に自分がなにがしかの地代を払うことを申し出て自分に土地を貸してもらうだろう。このような競い合いの結果は明らかである。最も優等な土地の地代は 5 袋まで押し上げられ，結局どの土地で事業をしている資本家も平等に小麦 5 袋の利潤をあげることになるだろう。

　同じような資本の蓄積，人口の増加が繰り返され，ついに最も劣った土地まで耕作が進んだら何が起こるだろうか。最も劣った土地では労働者 1 人あたり小麦 10 袋の生産しかないので，労働者の生活に必要な小麦 10 袋を除けば，地代にも利潤にも回すことのできる小麦はない。他方，最も優良な土地と中くらいの土地では，優れた条件の土地を借りようとする資本家の競い合いの結果，地代はそれぞれ小麦 10 袋と 5 袋にまで押し上げられる。つまり，どの資本家も利潤が稼げない状況が訪れるのである。このとき，資本の蓄積はストップせざるを得ない。なぜなら，その元手になる利潤がないのだから。そして，人口も増大を止め，イギリス経済は毎年毎年同じ規模の生産が繰り返される状態に入る。

　ここまでの説明を読んで，農業以外の産業に従事する資本家はどうなのかと疑問に思われる方もいらっしゃるだろう。それを考慮に入れても結局同じことなのだ。それぞれの産業で資本の蓄積が進めば，人口が増えて食糧が必要になる。人口を賄うだけの農業生産を維持するためには農業に従事する資本家だけが不利になることがあってはならない。このため，より劣った土地まで耕作が拡大し農業の生産性が低下するにつれて，小麦の価格が相対的に上がり金額表示の賃金が他の産業部門の利潤を圧迫する形でどの産業部門の

利潤の率も農業並みに引き下げられるのである。

　ここまでの議論を，リカードが生きた時代のイギリスの状況に適用すればどうなるだろうか。今説明した論理は，土地の制約のために地代が増加する一方で利潤が圧迫され，やがて経済成長がストップするというものだった。ここから，経済成長をできるだけ維持していくためには，国内で食糧を自給することをやめて安い小麦を輸入し利潤の低下を防ぐべきだという結論が導かれる。これは穀物法の廃止を指し示すものだ。

　なお，リカードが提起した自由貿易を推進する理論には，もう1つ**比較生産費説**というものがあり，現在の貿易理論の基礎を作った考えとして評価されている。これは生産能力が劣った国との間でも，それぞれ自分の中で得意な製品の生産に専念し，その上で貿易をすれば両国とも以前より多くの財を享受できるという考えである。これは理屈としては単純で，どんな優れた人でも何でも1人でやるのでなく，自分より劣った人との間で手分けして仕事をしたほうがいいことからすぐに理解できる。

　以上のような考えに基づいてリカードは穀物法の廃止と自由貿易の推進を訴え続けたのだが，ライバルのマルサスは真っ向から対立する理論を組み立てようとする。彼はリカードが前提にしたような製品の順調な販売がはたして成り立つのか疑わしいと言う。もし，製品に対する需要が不足するようなことがあれば，リカードの示した生産や供給に関する制約が明らかになる前に，そもそも経済が立ち行かなくなることが起こってしまうかもしれない。作ったものが売れないために経済の進行が妨げられてしまうのである。マルサスは，そのようなことは常に起こりうるのだとし，このような全面的な財の過剰を防ぐためには贅沢に財を消費してくれる地主の立場を守らなくてはならないと言うのだ。ただ，彼は需要が全体として不足してしまうことを説明する理屈を完成することができなかった。後に見るように，20世紀になって**ケインズ**が同じような需要の不足についての理論を体系化するのだが，ケインズは自分の大先輩に同じ考えがあったことを知って大いに勇気づけられたようだ。

リカードは自分の理論をさらに磨き上げている途中でその生涯を終えるのだが，彼が政治的生涯をかけた穀物法廃止が実現したのは，その死からしばらくしてのことであった。

ジェボンズとメンガー

■ Jevons, *Theory of Political Economy*『経済学の理論』1871 年
■ Menger, *Grundsätze der Volkswirtschaftslehre*『国民経済学原理』1871 年

　歴史には歴史家によって作られると言ってもよい面があると思うのだが，特に革命と名の付く事件はそうかもしれない。1870 年代初めに，数学の手法と財の価値についての新しい考え方とが経済学へ導入がされるという事件がイギリスと大陸ヨーロッパで同時に起きたと言われ，**限界革命**と呼び習わされてきた。「限界」なんとかというのは耳慣れない言葉かもしれないが，経済学特有の言い回しで，数学の微分の考え方を経済学に応用した際に必ず出てくる言い方である。もっと分かりやすくいえば，何かの量がだんだん増えていって，あるところでパッと止めてみたときに最後にどれくらい増えているか，その小さな量を「限界」なんとかというのである。限界革命とは，この「限界」の考え方を財の価値についての議論との関係で初めて経済学に導入したことを指している。

　ただ，最初に言ったように，このことを革命と呼べるかどうかは少し疑問である。その理由の 1 つは，1870 年代に各国に一斉に限界革命の経済学者たちが現われる前に，同じような，あるいは，場合によってはもっと進んだ考えを持った先駆者たちが結構いたということである。19 世紀の前半にフランスで活躍した数学者**クールノー**は，市場の構造を明確に意識した価格形成の

数学的な理論を体系的に展開し，現代の経済学者の目から見ても高い評価を与えることができる。また，ドイツの**ゴッセン**は，この時代以降一般化していく価値についての議論を，時代に先駆けて1人こつこつと展開し，今なお，**ゴッセンの法則**の発見者として記憶されている。だから，限界革命も，新しい考え方が忽然と現われたのではなく，長い時間をかけて暖められてきた発想がそれまでの古典派の経済学に代わって市民権を得た出来事として理解すべきだろう。科学史の分野では，このように学問の発想法がある時期を境に大きく変わることを**パラダイム・チェンジ**という言葉で呼んでいるが，限界革命は経済学におけるこうした**科学革命**の例と言えるだろう。

　理由の2つ目としてあげておいた方がいいのは，前の章で説明した**リカード**がすでに「限界」の論理を駆使していることだ。彼の経済成長の停止についての議論は，土地の生産性が耕作地の拡大とともに徐々に低下していき，最後に耕作が着手される最も劣った土地の生産性が小麦の価値を決定するというものだった。限界革命以降，生産の理論として定着する**限界生産力説**は，リカードのこの論理を財一般に拡大したものだという見解がある。この見解についての私の意見は，後に紹介する**マーシャル**など，この一般化を自覚的に行なった経済学者もいるが，限界革命の経済学者たち自身は，そういう継承関係を自覚していなかったのではないか，というものである。

　いずれにしても，19世紀の70年代に経済学は近代から現代への大きな変化を遂げるのだが，その原因は何だろうか。私は，西欧の経済社会が従来の伝統的な社会からの離陸を遂げ，初めは実業家の階層を中心としてだろうが，多くの人々に多様な**消費**を楽しむゆとりが出てきたということではないかと考えている。かつて，贅沢な消費文化を享受していたのは，身分制度に守られた王侯貴族の階級だけだった。19世紀も後半になってくると社会のかなりの部分が自らの選択でさまざまな消費財を手に入れ，それを消費して生活を楽しむことができるようになったのである。これにともなって，経済学も，経済全体の生産の関連と社会の諸階級の間での分配の問題を主題とするものから，個人の消費の選択と交換の仕組みを主題とするものへと変化していっ

たのだと思われる。

　普通,限界革命を代表する経済学者としては,イギリスのジェボンズ,オーストリアのメンガー,フランスないしはスイスの**ワルラス**の3人をあげる。私もそのことに異存はないが,最後のワルラスは後の経済学の発展との関係で特別な意味を持つ人だと思うので次の章で扱うこととし,この章では前の2人に注目したいと思う。

　大英帝国の栄光の真ったゞ中にあったビクトリア朝時代のイギリスに生まれたジェボンズは,なかなかエネルギッシュな人物である。彼は,経済学ではまだ,古典派の考え方が支配的だった当時の大学に1人で挑戦し,一応の地位を獲得したのだから。もっとも,そこに至る道のりは苦労に彩られていた。大学を卒業したジェボンズは,不本意ながらも,金の品質を検査する役人として当時イギリスの植民地として金鉱石が盛んに採掘されていたオーストラリアに渡った。オーストラリアでの仕事と生活は必ずしも楽しいものではなかったことだろう。ジェボンズはそこでの年月を利用してさまざまな書物を読み,中でもアダム・スミスの『国富論』に引き付けられた。しかし,その関心は,自信家の彼らしく,アダム・スミスの価値論は間違っており,それに代わる新しい価値論を作る必要があるからというところからのものであった。彼は,大学で学んだ数学,特に19世紀に議論が盛んであった微積分学を生かし,人は快楽と苦痛との計算に基づいて行動するという法学者ベンサムの考え方を背景に,新しい価値論を書き上げる。そして,帰国後,その論文を引っ提げて意気揚々と大学の教授資格試験に望んだのであった。結果は幻滅すべきものだった。古典派の経済学を修めた当時のイギリスの教授たちには,その論文を肯定的に評価することなどできなかったのである。彼は考える。自分の研究を認めてもらうためには,まず,エコノミストとして売り出し,名声を獲得する必要があるのではないか。こうして書かれたのが『石炭問題』であった。これは,当時のエネルギー資源のすべてであり,無尽蔵と思われていた石炭が,やがて枯渇する恐れがあることを統計的に示した本で,今日の資源問題に繋がる先駆的な業績として再評価されている著作であ

る。この本は当時のイギリスでも評判となり，ジェボンズの名は一躍当時の論壇に輝いた。ついでながら，彼の統計的研究で有名な仕事としては，景気循環の太陽黒点説というものもある。これは，太陽の黒点の数と地上の景気との間に密接な相関関係があることをデータで示したものである。この説は今では，笑い話的なエピソードとして触れられるだけだが，20世紀になってもピグーという有名な経済学者が結構真面目に取り上げているし，経済統計の方法や考え方の発展という意味ではたいへん重要な業績だと私も思う。

　ジェボンズは，その後，オーストラリアで中味はあらかたできていたと自ら言う，主著『経済学の理論』を出版し，地元の新しい大学の先生になる。しかし，その人生の終焉は突然訪れた。自称「水泳の名手」であったジェボンズは海で泳いでいる最中に溺れて亡くなったのである。

　皆さんはオーストリアという国にどのようなイメージがおありだろうか。冬季オリンピックのスキー競技にたくさんの選手を送り込んでくるアルプス山脈麓の国，だろうか。それとも，その首都ウィーンに，日本からも多くの留学生が音楽を勉強しに行くクラシック音楽の中心地だろうか。19世紀後半のオーストリアは，このイメージのような静かで小さな国ではなかった。中央ヨーロッパを代表する大きな帝国だったのである。ただ，その帝国という言葉の前には「黄昏の」という形容語を付けた方がいいかもしれない。かつて，大陸ヨーロッパを支配した神聖ローマ帝国を引き継ぎ，代々ハプスブルク家が王位に就いてきたオーストリアだったが，もう，この時代には衰退の色を隠し切れなくなっていたのである。ドイツの領域内では新興のプロシアが勢力を拡大し，この章で紹介するメンガーの主著『国民経済学原理』が出された年にはベルサイユ宮殿で，ホーエンシュテルン家を皇帝に戴くドイツ帝国の成立が宣言されている。オーストリアはこのプロシアとの戦争で敗北し，ドイツ統一の主導権を失ったばかりか，帝国の領内に抱えていた非ドイツ系の異民族の独立運動にも手を焼くようになっていた。最大の異民族であるハンガリーには自治権を与え，オーストリア＝ハンガリー二重帝国としてかろうじて体面を保っている状態だったのである。

こうした状況の中で，オーストリアの知識人や官僚はたいへんな危機感を持って改革を推進していった。メンガーはこのオーストリアに生まれ，最初は新聞の編集者として，後には経済学者，教育者として時代と格闘したのであった。彼は，新聞の経済欄の担当者として現実の経済を深く知るうちに，その当時大学で教えられていた経済学が，どうも現実とマッチしていないのではないかという違和感を覚える。そして，一念発起した彼は独自の経済学の構築に挑戦し，人が財を消費したときに感じる主観的な価値判断に基づいた新しい経済学を作り出していく。そして，ウィーン大学の経済学の先生となった彼は，優れた教育者として後継者の育成に後半生を捧げるのだった。彼は，後に心中事件で30歳の生涯を終えたオーストリア皇太子の家庭教師を務めたことでも知られる。彼の下に集まった学派は**オーストリア学派**の名で呼ばれ，有能で信念の強い多くの学者を輩出した。何と，今なおアメリカには，**新オーストリア学派**と呼ばれる一群の経済学者が存在するほどである。

ただ，研究者としての彼の後半生は必ずしも恵まれたものではなかったように思う。当時のオーストリアの経済学は，ドイツ本国を中心に盛んであった**歴史学派**という考え方の強い影響下にあった。歴史学派は，もともとはドイツの経済的統一を目指す動きの中で後進国の保護主義的政策を主張する動きから出てきたものである。後進国であるドイツには，先進国イギリスに当てはまるような経済学は必ずしも当てはまらず，自由貿易はイギリスの利益と結び付いた普遍的とは言えない考えであるというのである。この時代になると，歴史学派は方法論的な議論にこだわるようになり，経済学そのものが時代とともに変化すると考えるようになっていた。いつの時代にも当てはまる経済の理論はなく，経済学の役目は時代時代で変化・発展していく経済の現実を記述することだというのだ。これはメンガーとは対立する考えであった。メンガーは人間の欲望の在り方を内省によって深く究め，その原理に基づいた普遍的な経済学を構築しようとしていたからである。メンガーもその後継者も必要がないからという理由で数学を用いなかったが，彼らの議論は容易に微分の形式で表わすことができる論理的なものだ。主著『国民経済学

	1	2	3	4	5
服（着）	70	60	50	40	30
パン（斤）	24	22	20	18	16

原理』を発表した後のメンガーは，この歴史学派と，経済学はどのようなものであるべきかという，あまり生産的とは言えない論争にほとんどの時間を割かれてしまったのであった。確かに，この論争を通じて，彼も思うところがあったらしく，社会学，歴史学，人類学などさまざまな分野の業績を援用した，より一般的な経済学を目指すようになる。しかし，その一般的な経済学を完成する時間は彼には与えられていなかった。と言うより，完成することの望めない企てだったのかもしれない。彼の残した原稿は死後，その息子によって出版された。彼の，この仕事のための膨大な読書と思索の跡は，彼の残した書物の書き込みのなかに見ることがでる。メンガーの蔵書は第1次世界大戦後の混乱のなかで日本に渡り，現在，一橋大学図書館に保管されているが，私はそれを見る度に痛々しい感じを否めない。

　ここで，ジェボンズとメンガー，そして，ワルラスによって示された新しい価値論について数値例を使って見ておくことにしよう。表の上の行は，服の消費を1着，2着と増やしていったときに，新しく購入した1着の服から感じる満足感がどうなっていくかを表わしている。表の下の行は，同じように，パンの消費を1斤，2斤と増やしていったときに，最後に食べた1斤のパンから感じる満足感がどうなっていくかを表わしている。このように，私たちはいろいろな財を消費して毎日生活しているわけだが，その財の消費で感じる満足感のことを，経済学では**効用**と呼ぶ。もちろん，効用の感じ方は人によって違うのだから，表に示された満足感を表わす数字は，どこかの誰かさんというある1人の個人についてのものと考えられる。

　効用の数字を詳しく見てみよう。服の消費が1，2，3，と増えていくに

つれて，最後に消費する1着の服から得られる「効用」は70, 60, 50, と減っていく。これは，どんな人にも当てはまる法則といってよいのではないだろうか。服を持たない人にとって，1着の服を得ることはたいへんありがたいことだろう。しかし，服を5着も6着も持つようになれば，そこからもう1着，服を得るときに感じるありがたさは相当小さなものになっているはずである。表の数字はこのことを表わしているのだ。パンについても同じことが言える。パンの消費を1，2，3，と増やしていくにつれて，最後の1斤から得られる効用は24, 22, 20, と減っていく。食べ物の方がかえって実感があるかもしれない。同じものをたくさん食べると，食べないよりはましだろうがだんだん飽きてくる。いろいろなものを少しずつ食べた方が，満足感が高いということは日々実感されるところだ。パンの場合，服よりもそれぞれの数字が低くなっているのは，この人がパンよりも服に高い価値を見出すからである。

　この表に示された，消費された最後の1単位の財から得られる効用のことを**限界効用**と呼ぶ。これは前に説明した，経済学での「限界」という言葉の使い方からご理解いただけると思う。限界革命が経済学にもたらした革新は，価値論の面から言うと，この限界効用が財の価値，したがって，価格を決めると考えたところにあった。古典派のように財の生産に費やされる労働の量が価値を決めるというのではなく，むしろその財を消費する側が財に与える評価が価値を決めるという論理である。オーストリア学派は，この論理的順序に徹底してこだわり，直接消費されない生産のための要因や原材料の価値も，消費者が与える主観的な価値が，生産工程を溯って付着するという**帰属理論**を掲起したほどだ。ジェボンズは，ダイヤモンドの価値と水の価値を古典派が統一的に説明できず，前者を**交換価値**，後者を**使用価値**と呼んで，2重の尺度を立てたのは御都合主義的だと考える。彼は自らの価値論の優れていることを，ただ1つの効用という尺度で両者を説明できるところに見出す。ダイヤモンドの価値とは先に見た限界効用であって，ダイヤモンドはこれが大きいから値段も高いのである。一方，水はその財のもたらす効用の合計で

ある**総効用**はもちろん大きいのだが，大量に消費するので限界効用が小さく，そのため，ただ同然になるわけだ。

　以上のことを理解すれば，もはや，私たちは何が価値を決めるかという価値論の議論に深入りする必要もないだろう。実は市場のメカニズムは需要と供給との関係から価格を直接に決定するのであって，その元になる財の価値とは何であるのかという疑問は本当に学問的な問題とは言えないことが分かるからである。表をもう一度見てみよう。この表のような効用の感じ方を持った人は，もちろん個人の評価で財の価格を決定することはできない。彼は，市場が与えた価格で服やパンを購入してきて消費するはずだ。そのとき，2つの財の価格と限界効用との間に何か特別な関係が成り立つだろうか。たとえば，服1着に30シリング，パン1斤に15シリングの値段が付いているとしよう。このとき，彼は，どのような買い物をするだろう。もちろん，それは彼の懐具合にもよる。ここでは，この表の範囲に話を限定することにすると，彼は服4着，パン3斤を購入，消費するはずである。なぜなら，この組み合わせが，この人がすべての消費から得る効用を最大にしてくれるからだ。このときの最大の効用は，服について70＋60＋50＋40だから220，パンについて24＋22＋20だから66，合わせて286である。もし，服を1着買い足すとパンを2斤あきらめなければならないから，効用の変化は30－20－22となり，結局12だけ減ってしまう。逆に服を1着あきらめてパンを2斤買い足せば，効用の変化は－40＋18＋16なので，やはり，6減ってしまう。こうして，服を4着，パンを3斤買うのが一番いいことが分かる。注目していただきたいのは，このときの価格と限界効用との関係である。服，パンの順番に，それぞれ，30シリングと15シリング，40と20だから，価格も限界効用もその比が2対1になっていることがお分かりだろう。まとめると，効用を最大化する条件は，限界効用の比が価格の比に等しくなるようにいろいろな財を組み合わせて買うということになる。今や経済学の常識となったこの考えを世間が受け入れてくれるまでに，ジェボンズもメンガーもたいへん苦労した。苦労という点では，限界革命のもう1人の立役者，ワルラスも負けてはいな

い。次の章では，このワルラスに独特の考え方について見ることにしよう。

5

ワルラスと一般均衡理論

■ Walras, Eléments d'économie politique pure ou théorie de la richesse sociale『純粋経済学要論』
1874 – 1877 年

　ワルラスもまた，時代と格闘しながら経済学の新しい考え方に到達しようと苦労した学者である。ただ，ジェボンズとメンガーの主著の出版が揃って 1871 年なのに，ワルラスの主著『純粋経済学要論』だけが，1874 年と少し遅い上に 77 年にまでまたがっているのは気にかかるところである。これは実は，ワルラスがジェボンズらの活躍を意識していたためなのだ。彼も独自に限界効用の考えに到達していたが，その後，彼の独自性である**一般均衡**の考えをまとめてから出版しようとして準備しているうちに，ジェボンズらの本が出たためにワルラスは焦った。そして，とりあえず前半部分を分冊して出版したのが 74 年の本だったのである。この本の出版にこぎ着けたのは，彼がスイスに新しく開校されたローザンヌ大学の先生になっていたからである。そこに至るまでの彼の人生も紆余曲折があった。

　彼は父親が高等学校の先生という厳格な家庭に生まれた。彼は父親の勧めにしたがって国立の名門工科大学を受験する。結果は，何度浪人して再チャレンジしても不合格というものだった。彼には理科系が向かなかったのかもしれない。どうも，ワルラスは，小さいころから詩や小説を書くロマンチストだったようである。受験でも失敗の原因は数学だった。そんな彼が数理経

済学の元祖と目されるようになるのだから，世の中は皮肉で小粋なものである。

　受験に失敗したワルラスは，不本意ながら鉱山技師になる勉強をする学校に入学する。もちろん，面白くないので，彼は文学と遊びに明け暮れた。しまいには年上の未亡人と同棲する始末であった。学校を卒業した後も，ワルラスは郵便局員や鉄道会社の事務員などの職業を転々とする。見るに見かねた父親が勉強を勧めたのが，父親自身も研究者の1人だった経済学であった。経済学はワルラスの興味をそそったらしく，彼はその研究に没入する。新しい発想のためには，ワルラスの，曲がりなりにも理科系畑を歩いてきた経歴が幸いしたのかもしれない。彼は独自の体系を完成し，フランス国内で大学の先生になるべく，教授資格試験に望んだ。しかし，フランスでも事情はイギリスと同じだった。古くからの考え方を修めた当時の大学の先生には，ワルラスの経済理論は受け入れられなかったのである。このワルラスに救いの神が現われた。土地国有化に関する懸賞論文に入選したワルラスの業績に興味を持ったスイスの貴族が，経済学講座が新設されたローザンヌ大学にコネを持っていたのである。ワルラスはローザンヌ大学の経済学教授として，ようやく自分の研究と著作の出版に専念できるようになったのであった。

　ジェボンズやメンガーとも異なる，ワルラスの経済理論の新しさ，特徴はどこにあったのだろうか。それは，彼の追究した理論が**一般均衡理論**という特徴を持つものであったことだ。経済には無数といっていいほどの多様な財があり，それらが日々取り引きされている。これらが破綻なく，価格という単純なシグナルだけによってうまく売買され流通しているのは実に不思議なことである。これがなぜ可能であるのか，私たちの市場取り引きにはどのような仕組みが組み入れられているのか，これを明らかにするのが一般均衡理論である。その最大の特徴は，個々の財について1つ1つの市場をばらばらに見るのではなく，経済にあるすべての財についてすべての市場を一度に見るということだ。1つの市場で売れ残りや品不足がないことが分かっても，別の市場では売れ残りがあったり，また別の市場では品不足があったりする

個人 \ 消費量		1	2	3	4
A	小麦	4	3	2	(1)
	石炭	6	5		
B	小麦	5	4	3	
	石炭	9	8	(7)	

かもしれない。経済学では，ある財について売れ残りも品不足もないこと，言い換えれば**需要**と**供給**が一致していることを，秤の釣合がとれているという意味で**均衡**と呼ぶ。ワルラスが考察したのは１つ１つの市場で均衡が成り立っていることではなく，すべての市場で一斉に均衡が成り立っている状態だった。ワルラスはこの経済の不思議を，需要＝供給という方程式が財の数だけ成り立っている状態としてイメージし，そのときに成り立つ価格の組み合わせを**一般均衡解**と呼んだのであった。

　抽象的でわかりにくい点もあるワルラス自身の説明を避けて，ここでは簡単な数値例で理解してもらおう。市場での財の交換には最低２人の当事者と２種類の財が必要である。今，小麦４袋を持った個人Ａと石炭３袋を持った個人Ｂがいるとする。お互い相手の持っている財が必要だし，交換によって両方の財を手に入れて両方を消費した方が効用は高くなる。それでは，２人が満足して交換するような条件は何で，また，それはどうやったら達成されるのだろうか。

　前の章で見たように，個人が自分の効用を最大化するためにはそれぞれの財について限界効用の比と価格の比が等しくなっていなければならなかった。しかし，その条件が成り立っていさえすればいいというわけではなく，小麦の量と石炭の量には限りがあるので，ある価格が与えられたときに２人の要求する小麦と価格の量が，社会に存在する小麦と価格の量に等しくなければならない。また，それぞれの個人が勝手に欲しい小麦の量と石炭の量を決め，その時の限界効用に等しい比になるような価格を提示したとしても，２人の間で折り合いがつくとは限らない。つまり，まとめていえば，２人が元手を

出しあって交換に臨んだとき，石炭と小麦の需要と供給が一致し，個人の効用が最大になることが，一般均衡が成立する条件なのである。表の数値例で言えば，個人Aが小麦2袋を提供し，個人Bが石炭1袋を提供して交換が成立した場合がこれに当たる。このとき，価格は，たとえば，小麦1袋5フランで石炭1袋10フランのように，1対2になっているはずだ。安いものはたくさん買えて高いものは少ししか買えないのだから，考えてみればあたりまえだが，価格の比は交換される数量とは逆の比になるので少し注意してもらいたい。このような交換の後，個人Aは小麦2袋に石炭1袋，個人Bは小麦2袋に石炭2袋を消費するので，個人Aの小麦と石炭の限界効用はそれぞれ3と6，個人Bの限界効用は4と8になる。これは，価格の比である1対2と一致していることが確認できる。個人Bの方が個人Aより豊かな消費をしていることが少し気になる方もいらっしゃるだろうが，小麦1袋5フランで石炭1袋10フランに決まったとすれば，個人Aと個人Bの元手はそれぞれ5フラン×4袋で20フラン，10フラン×3袋で30フランとなり，もともと個人Bの方が豊かだったのであるから仕方がない。

なお，ここで付け加えておきたいのは，1対2の価格の比で小麦の需要と供給が一致していれば，必ず石炭の需要と供給も一致していることだ。そんなことはあたりまえだとおっしゃるかもしれないが，財の数が千や万に増えていったらどうだろうか。この場合も，ある財の市場で品不足があれば，ほかのいくつかの財の市場では売れ残りがあるはずだし，逆に，ある市場で売れ残りがあればいくつかの市場では品不足がある。これは，交換に臨むには自分の持ち物を元手として提供しなくてはならないことから，直観的には理解できると思うが，発見者の名前をとって**ワルラスの法則**と呼ばれる関係である。

また，財の数と同じように，交換に参加する個人の数が増えたら，一般均衡の成立は当然難しくなることが予想されるだろう。この困難は，誰がどんな思惑で市場の交換に参加してきているかが，参加者が増えれば増えるほどわかりにくくなることに由来している。実際の経済では，長年の交換から導

かれた価格の落としどころをみんなが了解していることでこの問題をクリアしているのだろうが，理論的にはなかなかの難問である。ワルラスはフランスの証券取引所のイメージで，どの市場にも仲買人がいて，価格を叫びながら需要と供給が変化するありさまを観察し，一致したときに初めて取り引きの成立を宣言するというフィクションを作って説明した。ただ，市場全体で需要と供給が一致しないままに個々の取り引きが行なわれてしまうことや，ある市場が不均衡のままになることも現実にはあるから，経済学でもさまざまな非ワルラス的な市場理論が提起されている。しかし，経済学が扱う市場の不思議を初めて全面的に明らかにしようとがんばったワルラスの名は，経済学の歴史の中で永久に記憶されるだろう。

6

ベーム-バヴェルクと迂回生産

■ Böhm-Bawerk, *Kapital und Kapitalzins*『資本および資本利子』1884 – 1889 年

　メンガーによって始められた**オーストリア学派**の経済学が，その独特の問題意識という面で現代まで連綿と受け継がれていることはすでにお話しした。それはもちろん，メンガーの学者，教育者としての能力に由来するところが大きいのだが，彼の弟子たちの中に優れた経済学者が多かったことにもよるだろう。メンガーの直接の弟子に，この章でご紹介する**ベーム-バヴェルク**と**ヴィーザー**がいるが，彼らは経済学者としても一流の人物であると同時に，ベーム-バヴェルクはオーストリアの大蔵大臣，ヴィーザーは同じく商務大臣を務めるなど，国のリーダーとしても活躍した。私などは，国政の激務の中でよくもあれだけの研究を残したものだと，ただただ感心するばかりである。ちなみに，この 2 人の兄弟弟子は，プライベートでも，妹の結婚を通して義理の兄弟の関係にあった。2 人はそれぞれにメンガーの問題意識を発展させる業績を残したのだが，総じてオーストリア学派の特徴である，財の価値の本質を個人の主観的な評価と考えること，それに，生産の川上・川下の関係に重要性を見出すこと，という共通点を持っている。

　前の章でも少し触れた，生産に使われる財に消費財の価値が遡って帰属するという考え方は，ヴィーザーによって明確にされたものであった。この章

で取り上げるベーム=バヴェルクは、価値を帰属させるときに、生産にかかった時間の分を割り引いて考える必要があるとした。生産のための財を使ってから消費財が生産されるまでにはなにがしかの時間がかかるわけだから、生産者は消費財の価格の中で、直接の費用に加えてその分の割増しを要求するだろう。帰属の計算はこの逆の過程をたどるわけだから、今とは逆に価値の割引きを行なう必要がある。ベーム–バヴェルクは、この割増しないし割引きが、現実の経済では、お金を自分のために使うことを延期することへの見返りである**利子**または利潤に当たることから、**利子論**の詳細な研究を志す。これは、ベーム–バヴェルクの時代までの経済学が、利子についてどのように考えてきたかを洗い上げ、それらをまとめ、超えるものとして独自の利子論を展開する壮大な研究であった。この研究成果は1884年から89年にかけて『資本および資本利子』のタイトルで出版された。ところが、この書物に論争を挑んできた経済学者がいた。後の章で見る、アメリカの**フィッシャー**である。利子についてのこの論争は決着を見ないまま長く続き、現在ではフィッシャーの利子論が論理的によくまとまったものとしてスタンダードの地位を占めている。ベーム–バヴェルクの考えはあまりにも包括的で哲学的なため、全体の仕組みに整合性を欠く嫌いがあったと言える。国政の仕事が忙しかったこともあろうが、ベーム–バヴェルク本人によって2人の利子論の異同が明確にされなかったのは残念なことである。

　利子論としては不十分な点のあったベーム–バヴェルクの議論だが、私は、生産の時間的な構造を数値例で明らかにし、特に**資本**という考え方を近代的なものから現代的なものへと転換させる橋渡しをした点が大きく評価できると思う。古典派の時代、資本とは資本家が生産のために1年の最初に用意立てるお金のことだった。思い切って単純に言えば、その具体的イメージは1年間労働者を食べさせるための蓄えであった。これに対し、現代の経済学で資本というのは、労働と組み合わせて生産に用いられる機械や設備のことである。ずいぶんイメージが違うことが分かろう。経済学を初めて勉強される方のなかにはこの点よく混乱があるが、なぜこういう変化が起きたかはベー

```
 1年            2年                    3年
┌──────┐    ┌──────┬──────┐      ┌──────┬──────┬──────┐
│ 600  │    │ 200  │ 200  │      │ 100  │ 100  │ 100  │
└──────┘    ├──────┼──────┤      ├──────┼──────┼──────┤
            │      │ 200  │      │      │ 100  │ 100  │
            └──────┴──────┘      ├──────┼──────┼──────┤
                                 │      │      │ 100  │
                                 └──────┴──────┴──────┘
```

漁獲高 720　　　漁獲高 600　　　　　漁獲高 480
利潤　 120　　　利潤　 200　　　　　利潤　 180

ム-バヴェルクの議論を間に挿入すればよく分かる。ベーム-バヴェルクの言う資本とは，まずは，財が生産されるまでの間，労働者の生活を支える基金のことである。この点は古典派と同じだ。しかし，古典派が基本的に1年間で完結する生産を考えていたのに対して，ベーム-バヴェルクは，生産に何年もの時間がかかり，しかもその生産にかかる期間を資本家が選べるという想定をする。なぜ，生産に時間がかかるかというと，目的の消費財を生産する前に何か道具を作り，それを使ってより多くの消費財を生産するからである。この結果，ある年をとって見ると，直接の労働と道具とが組み合わされて生産が行なわれていることになる。しかも，その道具は前の何年かの労働者の生存の基金が化けたもので，消費財の生産完了とともに消滅するのである。現代の経済学は，何年かを通して生産の流れを考えるのではなく，この1年のなかで道具と労働が協力して生産している場面を考え，資本の名称をその道具の方だけに限定して付け替えたのだと言えるだろう。

　ベーム-バヴェルクは，まず，道具を作ってから製品を作る，という回り道の生産の在り方を**迂回生産**と呼ぶ。そして，利潤を最大化しようとする資本家が，手持ちのお金と与えられた製品価格，賃金の制約の下で迂回生産の期間を選ぶというモデルを作るのである。

　図として，ベーム-バヴェルクのよりはだいぶ単純化した数値例を出してみた。ある水産会社を考えることにしよう。この会社の経営者は資本として600グルデンを用意している。彼はこの600グルデンでずっと事業を継続していくものとする。また，賃金は，労働者1人あたり1年間に100グルデンとする。漁業の形態として，素手で魚を獲るか，網を使って獲るか，船に乗っ

て沖に出た上で網を使って獲るか，の3つが知られているものとしよう。網と船は1年間の漁で駄目になるとし，それぞれの生産には漁に必要なのと同じ人数が従事して1年の時間がかかるとする。以上のことから，図に示したように，道具を使う場合には，1つ目の道具を作り初めてから漁が完成するまでに，素手，網，網と船とで，それぞれ1年，2年，3年の迂回生産となることが分かる。この会社の経営者は，一番儲かるやり方を1つ選んで，その方法でズーッと営業を続けていくが，網の使用，または，網と船の使用を選べば，翌年の漁に備えて，毎年，網作り，船造りの専従の労働者を雇わなくてはならないこともお分かりだろう。

それぞれの漁の形態で，漁に直接従事する1人の労働者が毎年あげる漁獲高は，120グルデン，300グルデン，480グルデンになることが分かっているものとする。より多くの道具を使った方が漁そのものの効率はよくなるが，その伸び方はだんだん頭打ちになっていくのである。このとき，資本家はどの迂回生産を選ぶだろうか。それぞれの場合について，1つ1つ見ていこう。

1年の迂回生産の場合，道具を使わないので，元手の600グルデンをフルに使って6人の労働者を毎年雇い，全員を漁に従事させることができる。この結果，総漁獲高は120グルデン×6人で720グルデンになる。来年またこの6人を雇って操業を続けるためには，600グルデンをとっておく必要があるので，資本家が自由に使える利潤は720グルデンから600グルデンを引いて120グルデンだ。次に，2年の迂回生産では，雇う労働者の半分を網作り専従にし，もう半分で漁をしなくてはならない。しかも，1年かけて作った網は翌年の漁で初めて使えるのだから，網を作った年にはその労賃は回収できず，現金で資本家の手元に戻ってくるのはさらに1年待った後ということになる。この結果，手持ちの資本600グルデンのうち，3分の1に当たる200グルデンは常に網の形で拘束されているので，毎年労働者を雇うために使えるのは残りの400グルデンということになる。これで雇う4人の労働者の中で，漁をするのは半分の2人だけだから，毎年の漁獲高は300グルデン×2人で600グルデンになる。このうち，400グルデンは翌年の賃金としてとって

おかなくてはならないので，200 グルデンが利潤ということになる。1 年の迂回生産よりはよくなっていることが分かろう。

最後に，3 年の迂回生産ではどうだろうか。図を見て確認していただきたいのだが，さきほどと同じ理屈で，翌年の漁に使われる船と網の形でそれぞれ 100 グルデンずつ，再来年の漁に使われる船の形で 100 グルデンが拘束されていることがお分かりだろうか。また，雇うことのできる労働者のうち，その 3 分の 1 を再来年の漁に使われる船の生産に，同じく 3 分の 1 を来年の漁に使われる網の生産に割かなくてはならないので，漁に従事できるのは 3 分の 1 の人数だけである。資本 600 グルデンのこの資本家は，こうして，毎年 300 グルデンの賃金を支払って 3 人の労働者を雇い，そのうち 1 人に船と網を与えて漁をさせるわけだ。結局総漁獲高は 480 グルデンとなり，そのうち 300 グルデンを毎年の賃金としてとっておかなくてはならないから利潤は 180 グルデンである。これは 1 年の迂回生産の利潤よりはましだが，2 年の迂回生産の利潤を下回っている。したがって，この水産会社では網だけを使った操業を選ぶことになるだろう。

素手よりは網，網だけよりは網と船を使ったほうが労働者 1 人当たりの生産性が高いのに，どうしてこういう結果になるのだろうか。それは，手持ちの資本の金額に限りがあり，毎年雇える労働者の数が制約されているからである。生産期間があるところ以上まで長くなると雇える労働者の数が減って総生産高が小さくなり，利潤がかえって減ってしまうのである。また，賃金が低ければ労働者をたくさん雇える分，道具を使った生産性の上昇に頼る必要は小さくなるだろう。実際に数字を変えてみることはしないが，このことから，賃金が低いほど，より短い迂回生産が選ばれ，賃金が高いほど，より長い迂回生産が選ばれることが推測できると思う。これは賃金の変化とともに道具と労働との組み合わせが変わることを意味しており，どこかに最も利潤率が高くなる最適な組み合わせがあるということである。これは，次の章でみる**限界生産力説**に極めて近い発想であり，ベーム-バヴェルクの迂回生産の理論が現代の生産理論とすでに同じ構造を持っていることをお感じいた

だけるのではないだろうか。

7

限界生産力説の導入とヴィクセル

■ Wicksell, *Föreläsninger i nationalekonomi*『国民経済学講義』1901 – 1906 年

　現代経済学の基礎にある「限界」の考え方は，消費の理論で急速に導入されたのに比べ，生産の理論ではその導入がかなり遅れたように思われる。その理由として，古典派は生産の理論が中心で消費の理論がなかったこと，また，新しい生産の理論としては，川上から川下へという生産の流れを逆転して見せたオーストリア学派の帰属理論のほうが目新らしかったことがあげられると思う。

　たとえば，**ワルラス**は『純粋経済学要論』の最初の版では，生産に使われる要素の割合を固定して考えていた。しかし，それぞれの**生産要素**について「限界」の考えを適用し，その種類の生産要素の最後に加えた部分がどれだけの貢献をしたかを見ることができるには，そもそも，生産要素の組み合わせの割合を変えることができなくてはならない。実際の経済では，ある財を生産するのに使う生産要素の組み合わせが1つしかないと想定するのも不自然だろうが，その組み合わせが無数にあると考えるのも非現実的である。ただ，経済学ではその扱いやすさゆえに，生産要素の組み合わせ方はどのようでもありえると考えるのが普通なのだ。

　消費の場合と異なり，生産への「限界」の考え方の導入はいろいろな学者

が徐々に行なったと考えることができる。しかし，その中でも大きく貢献した１人としてイギリスの**ウィックスティード**をあげることができよう。牧師を職業とするアマチュア経済学者であった彼は，生産に使われるすべての生産要素について**限界生産力**というものを考えた。これは，それぞれの生産要素の最後に使われる１単位が生産物の量でどれだけの貢献をしているかを表わす言葉で，その生産要素を１単位増やしたときに生産物の量がどれだけ増えるかで計ることができる。彼は，この限界生産力に見合った報酬がそれぞれの生産要素に分け与えられるべきだと考えた。つまり，製品の価格とその生産要素の限界生産力を掛け合わせた金額が，その生産要素の価格になるわけである。アメリカの**クラーク**という経済学者は後に，この考えを経済全体に適用し，階級間の分配関係を**限界生産力説**で説明しようとした。

　それでは，この限界生産力説をワルラスの**一般均衡理論**と結び付け，現代的な経済学の体系を組み上げた経済学者は誰だったのだろうか。それは意外な国のある意味で奇妙な人物であった。その人の名を**ヴィクセル**と言う。ヴィクセルは大学で数学を修めた知識人であったが，まだ保守的な宗教的道徳に縛られていた当時のスウェーデンで，人口調節のための産児制限や離婚の自由を訴え何度か投獄されたこともある。そんな彼が社会を合理的に見て改革のための分析を行うための道具として強い関心を持ち，その研究に没頭したのが経済学だった。彼はドイツをはじめ各国に留学して最新の経済学を勉強し，それらを統一的な視点の下にまとめた。しかも，得意の数学を駆使した理論構成は，それまでの経済学の水準を超えた明快さと一般性を持っていた。ただ，当時は，他の経済学者たちにその著作は難解に感じられたらしく，彼の書物は「教授たちのための教科書」と呼ばれていたと言う。

　彼が一般均衡理論の中に組み入れた限界生産力説についてわかりやすく見るために，次の表のような数値例を考えよう。石炭を生産する鉱山会社があって，労働と資本，この場合にはツルハシだが，その２つの生産要素を使って石炭を採掘しているとする。この会社は労働とツルハシの組み合わせをどのようにし，それら生産要素をどれだけ用いて採掘するだろうか。この会社に

労働	1	2	3	4	5
生産額の増加	9	7	5	3	1

労働	4	8	12
ツルハシ	3	6	9
生産額	24	45	56
費用	18	36	54
利潤	6	9	2

とって，石炭の価格と労賃，ツルハシの使用料は市場によって与えられており，この1社だけでは動かすことはできない。ツルハシの使用料という言い方は分かりにくいかもしれないが，会社がレンタルでツルハシを借りていると考えてもいいし，会社が所有するツルハシの場合，ツルハシは1年の使用で駄目になるわけではなく何年か使えるので，1年あたりの磨耗と購入の元手に付けるべき費用との合計がそれだけになると考えてもよい。左の表はたとえば，ツルハシの使用数を3本と固定して，それに組み合わせる労働を1人，2人，…，と増やした際，最後に追加した1人でどれだけ生産額が伸びるかを表わしている。最後に追加される労働者の貢献分，つまり，限界生産力はだんだん小さくなっているのがおわかりいただけるだろう。今，賃金は年間1人3クローネと決まっている。この条件の下で，あなたが経営者なら何人の人を雇うだろうか。2人に決めることはないだろう。なぜなら，3人目を雇えば3クローネの賃金で生産額を5クローネ伸ばすことができ，差し引き2クローネ得だからだ。そこからさらに4人まで増やせば，3クローネの人件費増加で3クローネの増収だからトントンである。5人まで増やすと明らかに損をする。こうして，限界生産力の金額と生産要素の価格とが等しくなるところまでその生産要素の投入を増やすべきだという結論になるが，これが限界生産力説の正しい意味だ。もちろん，この表の数字はツルハシが3本使用される場合のもので，ツルハシの使用数が変われば変化する。したがって，労働についてだけでなく，ツルハシについても本数を変えて，2つの生産要素について限界生産力の比が賃金と使用料の比に等しいという条件が成り立つ組み合わせを考えなくてはならない。今は，ちょうど3本で，労働者4人という条件の下で，ツルハシの1年間の使用料2クローネとツルハ

シの限界生産力が等しくなっているとしよう。すると，この企業としては，労働4に対してツルハシ3の割合で組み合わせて使用するのが最適だということになるはずである。

　それでは，組み合わせの割合がわかったとして，実際にどれだけの労働とどれだけのツルハシを使って採掘をすればいいのだろうか。今度は生産の規模を決める問題である。右の表はこれを調べるためにデータを調べた結果だとしよう。表は労働者4人，ツルハシ3本を基準にこれを2倍，3倍，と増やしていったとき，生産額，費用，そして，それらの差である利潤がどうなるかを示している。一目瞭然，最大の利潤9クローネを与える労働者8人，ツルハシ6本の場合がいいことが分かる。

　このようにして，限界生産力説は新しい生産の理論として完成され，一般均衡理論の中に組み入れられていった。ただ，ワルラスは一般均衡の下で競争が継続していく結果，どの産業でも利潤がゼロになることを主張した。ヴィクセルはウィックスティードの検討を元にこれについて厳密に考え，そのためには生産要素の使用量が2倍，3倍，と増えたときに，生産額も2倍，3倍と増えなくてはならないことを示した。ところが，このような生産では実は企業が生産の規模を決めることができないということがわかる。この問題に対するヴィクセル自身の答えは，生産額が生産の規模とともに，あるところまでは勢いを増しながら急に伸びたあとで伸びが緩やかになっていく特別な生産の在り方を考えることであった。本章の数値例はそうした想定で作られている。現在は，この問題の解決のために，労働や資本以外に，それにかかる費用が生産規模によらない経営能力や暖簾など，第3の生産要素を考えることも多い。

8

パレート最適とエッジワースの箱

■ Edgeworth, *Mathematical Psychics: An Essay on the Application of Mathematics to the Moral Science*『数理心理学』1881 年
■ Pareto, *Manuale di economia politica con una introduzione alla scienza sociale*『経済学提要』1906 年

　一般均衡理論の開発者として紹介した**ワルラス**は，ローザンヌ大学の経済学教授として活躍した後，引退にあたりその地位を公募によって選ばれたイタリア出身の経済学者**パレート**に譲る。パレートは貴族の家柄に生まれたが，家の没落により鉄道技師として働いていた。このパレートは一般均衡理論を世に広める役割を果たすとともに，その細部を論理的に詰めていった。このパレートを経て，主にイタリアの学者によって引き継がれていったワルラスの学問的流れを**ローザンヌ学派**と呼んでいる。

　パレートはその代表作『経済学提要』の原文サブタイトルに「すべての社会科学への導入」とあるように，やがてその関心を，より広範な学問体系へと移していった。その過程で一種のエリート主導の歴史観に立つようになる。晩年のパレートはイタリアのファシスト党への影響関係を取り沙汰されることも多い。

　一方，ここでご紹介するもう1人の経済学者である**エッジワース**は実に静かな思索者の風貌を持っている。彼は代々学者や文学者を輩出した学問の名門家庭に生まれ，幼い頃から古典文学や論理学に親しんだ。オックスフォード大学に学んだ彼は，卒業後，母校の論理学，数学などの先生になる。そし

て，やがて数学を経済の分野に適用することに関心を持つようになった。経済学者としての彼の最大の貢献は，この章で紹介する図による分析を開発したことである。彼の名はその分析手法ともに記憶され，その図は**エッジワース・ボックス**，あるいはエッジワース・ダイヤグラムと呼ばれている。

　女性を苦手としたエッジワースは生涯独身で学問に身を捧げた。有名な経済学者ケインズもエッジワースの学問的業績を尊敬し，彼を厚く遇した。イギリスの経済学の中心は20世紀になるとケンブリッジ大学になっていくので，オックスフォードにもそれと同時代に，偉大な経済学者がいたことは記憶しておく価値があるだろう。

　それでは，スイスとイギリスと，離れたところで活躍したこの2人の経済学者の間にどんな関係があるのだろう。それは，2人が現在の経済学の基礎にある効用の考え方を発展させたことである。と言っても，きちんとそのことを強調したのはパレートだった。エッジワースはむしろ古くからの効用の考え方を踏襲していたと言えるだろう。ただ，さきほど触れた彼の開発した図が，新しい効用の考え方を表現し，その分析に使うのに実にマッチしていたのである。

　具体的に言おう。私たちは前の章で効用の大きさを数字で表現して考察した。しかし，財を消費したときに感じる満足感を，はたして数字で表現することができるものだろうか。もし，効用測定機のようなものがあって，それを頭に当てればたちどころに効用の数値が現われるのなら，自分の今の効用は君の効用よりいくら大きいとか，さっきの君の効用は私の効用の何倍だとか言えるだろう。しかし，もちろんそんな測定機は存在しないし，これからも手に入らないだろう。だが，測定機がないとすると，自分自身の中で，パンを食べたときの効用と雑誌を読んだときの効用を数字ではっきり表わして比較することも不可能であるように思われる。だとすると，そもそも，効用が何か数字で表わせるようなものであると想定すること自体が間違っていたと考えるべきではないだろうか。効用は確かにあって私たちの経済行動を決定しているのだが，数値では測定できないという性質を持つものではないだ

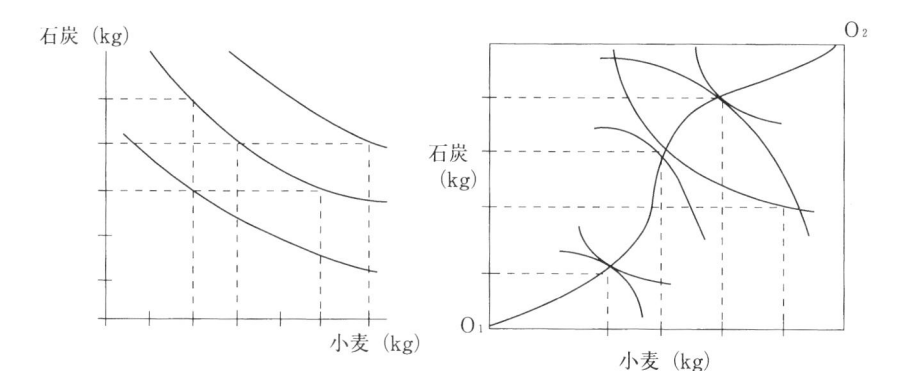

ろうか。

　効用を数字ですら表わせないということは，他人の効用とはもちろん比較できないということを意味する。しかし，自分の中では，パンを食べた効用のほうが雑誌を読んだ効用より大きいとか，ご飯2杯とステーキ1皿を食べたときの効用よりも，ご飯1杯とステーキ2皿を食べたときの効用のほうが大きいとかは，確かに言える。つまり，効用は，測定はできないが，より大きい，より小さい，等しいという大小関係は，個人の内部でははっきり決定できる何かなのである。このことは，いろいろな消費の組み合わせに，大きい順に，1番，2番，3番，と番号をふることができるということだ。この番号というものはちょっと考えると不思議で，数字で表わせるのに1番と3番を足すと5番だ，とか，6番は3番の2倍だとかは言えない，つまり，計算はできないという性格を持っている。このような順序を表わす数字を序数と呼び，普通に計算できる基数と区別している。このことから，パレートらによって考え方が確立した新しい効用の理論を**序数的効用理論**と呼び，それまでの素朴な**基数的効用理論**と区別している。序数と基数は英語では，ファースト，セカンド，サードに対してワン，トゥ，スリーと，はっきり区別されているのである。

　このことをもう一度確認するために，まずは左の図を見てもらいたい。この図は横軸に，ある人の小麦の消費量を，縦軸に石炭の消費量を計っている。

単位はともにキログラムである。この平面の上に描かれた，原点に向かって出っ張った右下がりのなめらかな曲線は何だろうか。それは**無差別曲線**というもので，自分の中で満足感が同じになるような消費の組み合わせを結んだ曲線である。「無差別」の意味は説明を要しないだろう。図で具体的に言えば，小麦2キログラムと石炭5キログラムを消費したときの満足感と，小麦3キログラムと石炭4キログラムを消費したときの満足感が等しいとこの人は感じたので，2点は同じ曲線上に並んでいるということだ。言い換えれば，この人は前者の点から後者の点へと動いてくるときに，石炭1キログラムを減らす代わりに小麦1キログラムを増やすことで納得したのである。ついでに，同じ曲線上を，やはり満足感の等しい，小麦5キログラムに石炭3キログラムの点まで移動してみよう。今度は，石炭を1キロ減らす代わりに小麦を2キロ増やさないとこの人は納得しないことが分かる。なぜだろうか。それは，前の変化に比べて，今度の変化では，石炭の消費量がだいぶ減っているのに対して小麦の消費量が増えてきていて，小麦に比べて石炭のありがたみが増してきているからである。石炭についても小麦についてもこのことが言えるので，結果として無差別曲線の形は原点に向かって出っ張ることになる。

　小麦3キログラム，石炭4キログラムの消費より，石炭はそのままで小麦の消費を6キログラムに増やしたほうが満足感は高いに決まっているから，より右にある無差別曲線はより高い満足感に対応している。また，小麦5キログラム，石炭3キログラムの消費から，石炭はそのままで小麦の消費を2キログラムに減らせば，消費から得られる満足感は減るから，より左にある無差別曲線はより低い満足感に対応するのである。それにしても，これに似たような図をどこかでご覧になったことはないだろうか。そう，地図の等高線だ。ちょうど山の尾根を表わす部分と同じ形状になっている。ただし，すでに述べたように，この等高線には高さを表わす数値はふられることはない。したがって，図の3本の無差別曲線は任意に選んで描いただけであって，本当は，平面は無数の無差別曲線で埋め尽くされているのである。

ところで，さきほどエッジワース・ボックスというお話しをしたが，ボックスと言っているのに左の図は箱の形をしていない。なぜだろう。実は，エッジワース・ボックスとは，2人の間での交換の様子を表わすために，左の無差別曲線の図を2人分重ね合せたものなのである。右の図は箱の形をしていることが分かるだろう。

　今，個人Aと個人Bという2人の人物がいるとしよう。どちらもいくらかずつの小麦と石炭を持っている。この限りで，2人とも両方の財を消費して生活することができるのだが，2人の間で比較的豊富な財を交換しあえば，消費の満足感をより高めることができるかもしれない。その交換は結局どのような結果に落ち着き，その落ち着き先はどのような性質を持っているのだろうか。具体的に図で見てみよう。

　右の図では，個人Aの消費する小麦と石炭の量を，原点O_1を基準に計っている。先ほどの図と一緒で横軸で小麦，縦軸で石炭を表わしている。また，個人Bの消費する小麦と石炭の量は原点O_2を基準に計っている。計る向きは逆だが，横軸が小麦，縦軸が石炭を表わしているのは同じである。つまり，左のような図を2つ，片方をグルッとひっくり返して重ねているので箱型になるわけだ。と言ってもむやみに重ねているわけではない。右の図の例では，最初，個人Aは小麦を5キログラム，石炭を2キログラム持ち，個人Bは小麦を1キログラム，石炭を3キログラム持っていることが分かる。図の右下のほうにO_1，O_2両方の原点から計って，同時にそれらの量を表わす点があることがお分かりだろうか。2人が最初に持っていた2つの財の量が同じ点で表わされるように，それぞれの個人の平面を重ねているのである。

　原点O_1に向かって出っ張った3本の無差別曲線が描かれているが，それらが個人Aのものである。同様に，原点O_2に向かって出っ張った3本は個人Bのものだ。2人が最初にいる点を通って，それぞれの無差別曲線が描かれているが，もし交換するなら，この満足感よりも高い満足感の得られる点への移動でなければ，2人がともに納得するということはないだろう。それは2人それぞれの原点からより遠い無差別曲線への移動になるので，図でいうと，

8　パレート最適とエッジワースの箱　　51

2人の無差別曲線が囲む葉っぱ型の領域内への移動でなくてはならない。

　右の図にはもう1種類の曲線が描かれている。2人の原点を結んで箱を横切る曲線である。この曲線はよく見ると，2人の無差別曲線が接し合う点を結んでいることが分かる。この曲線は交換の成立にとって大きな意味を持つ曲線で，その名を**契約曲線**という。その名の由来は交換の約束が成立するとしたら，必ずこの曲線上であるはずだからだ。2人が交換するとき，その結果は以前に比べて双方が，または，少なくとも片方が有利になるものであるはずである。だれも自分が不利になるような交換はしたくない。もし，2人がすでに契約曲線の上にいるなら，2人ともそこから動くことはしないことがすぐに分かる。なぜなら，そこでは2人の無差別曲線は接しているので，そこから少しでも動くと，双方または片方の満足感が少なくなってしまうからである。この意味で，契約曲線上の点は，どこでもとりあえず，最も望ましい財の配分を表わしていることになる。このことを契約曲線は**パレート最適**の性質を満たしていると言う。パレート最適はもちろん，この章で紹介した経済学者パレートに由来している。パレート最適は現状ではその状態が1番望ましいということに過ぎないから，分配の状況を判断する基準としてはたいへん消極的なものである。しかし，消極的ということは同時に，恣意的な価値判断によらないという意味でたいへん強力であることにも繋がる。こうして，現在でも，経済の状況が望ましいかどうかの基準としてパレート最適は広く用いられる考え方だ。

　逆に，交換の結果，契約曲線以外の点に行った場合はどうなるであろうか。このとき，その落ち着き先の点を通ってそれぞれの個人の無差別曲線が交わっているはずだから，どちらかの個人の無差別曲線に沿って契約曲線の上まで移動できる。そうやって移動した先は，その前の状態に比べて，1人の個人の満足感はそのままでもう1人の個人の満足感を高めているから，その移動に反対する人はいないだろう。

　かくして，右の図で言えば，個人Aと個人Bは，葉っぱ型の領域内で，なおかつ，契約曲線の上に移動することになるはずだ。ただ，葉っぱ型で切ら

れた契約曲線にも無数の点がある。価格による調整を考えないこの章の設例では，そのうちどの1点が選ばれるかを決めることはできない。

9

マーシャルとケンブリッジ学派

■ Marshall, *Principles of Economics*『経済学原理』1890 年

　経済学者がお金持ちになる方法の1つは売れる教科書を書くことだが，歴史的に初めて，時代を支配する教科書を書いたのはこの章でご紹介するマーシャルだったと言ってよい。彼の主著にして一時代を築いた教科書『経済学原理』は，何度も版を重ねながら時代の問題に取り組み，それを読んで多くの優れた経済学者が育った。20世紀の現代経済学の扉は，マーシャルの経済学を学び，それを理解する営みのなかで開かれたと言っても過言ではない。もう気づかれた方もいらっしゃるかもしれないが，マーシャルは『経済学原理』の原文タイトルに経済学の意味でエコノミクスという言葉を使っている。これまでこの本でご紹介した著作ではすべて，本来，「国家の家政学」を意味するポリティカル・エコノミーが使われていた。現在まで使われているエコノミクスを一般に広めたのはマーシャルであったと言われている。

　マーシャルは敬虔で宗教的雰囲気に包まれた厳格な家庭に生まれた。彼自身も厳格さと威厳とを備えたよい教育者であったが，それには彼が父親から受けた教育が影響しているかもしれない。マーシャルはケンブリッジ大学で教育を受けたが，もともとは経済学の研究をするつもりはなかったようである。彼は牧師か数学者になりたいと考えていた。ただ，学生時代の友人との

討論のなかで，イギリスの経済発展が生み出した貧困の問題を考える機会があり，そのことが彼の頭から離れなくなったようである。私の好きなマーシャルの言葉に，経済学者に必要なのは「冷徹な頭脳と暖かな心」だ，というものがあるが，彼にとって経済学の目的は最後まで，貧困の解決と人間の尊厳ということにあったように思う。彼は，経済理論の数学的な研究の合間を見て，初心に帰るために，毎週のように労働者の住むスラム街に出かけていたと言う。彼はケンブリッジ大学を卒業後，論理学や経済学の先生として，母校で教鞭を執ったが，教え子であったメアリーと結婚する。このメアリーも経済学の先生になるのだが，彼女が書き始めたテキストを添削しているあいだにマーシャルの書いた部分の方が多くなり，結局共著にしてしまうということもあった。なお，今から考えると信じられないことだが，当時のケンブリッジ大学には既婚者は教授になれないという規則があったため，彼は何年かを他の大学の先生として過ごした後，規則の改正を待って経済学の講座の担当教授として晴れて母校に帰ってきた。彼は自分の研究を進めるかたわら，多くの優秀な弟子を育て上げ，一躍ケンブリッジは経済学のメッカになっていく。彼の学問の伝統は**ケンブリッジ学派**と呼ばれている。そのなかから，この本でも紹介する**ピグー**，**ケインズ**，**ロビンソン**らが輩出した。

　マーシャルの経済学の特色としてあげるべきは，ワルラスの**一般均衡理論**に対して**部分均衡理論**という方法をとったことだ。もちろん，マーシャルも一般均衡の考えの大切さはよく理解していて，『経済学原理』の最後に一般均衡理論の優れたまとめが入っている。しかし，マーシャルは，経済学は何よりも現実の経済を考えるために研究されるべきだと思っていたので，体系の完全さや美しさよりも，分かりやすさ，応用範囲の広さを第1に考えたようである。本文では一切数学を使わず，数式は注や付録にだけ現われるというのも，この考えをよく表わしている。

　人間はすべてのことを一度に考えることはできない。一般均衡理論は経済全体の安定性や存続の可能性を考えるのにはふさわしい枠組みかもしれないが，普通私たちが関心をもつ1つ1つの市場を具体的に考えるのにはふさわ

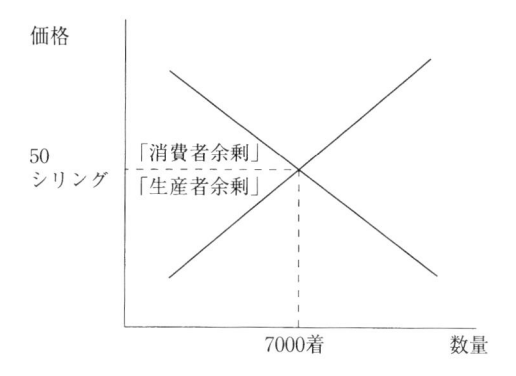

```
価格


 50       ┌消費者余剰┐
 シリング  └生産者余剰┘



                7000着      数量
```

しいとは言えないだろう。たとえば，パンの市場について考えようと思ったら，パンについての需要と供給を考えるのが普通である。そのとき，他の市場のことはとりあえず忘れているのである。他の市場のことを忘れることが許されないような場合もあるだろう。しかし，そうでない場合には，パンの市場で何か変化があっても，服や石炭の市場はそのままであると考えるのも，方便として許されるだろう。マーシャルはこう考え，1つの市場だけをクローズアップする部分均衡理論という枠組みを用いたのである。

　部分均衡理論の道具として彼が導入したのが，経済学と言えばだれでも真っ先に思いつく**需要曲線，供給曲線**である。上の図を見てもらいたい。この図は服の市場の様子を分析するためのものだ。横軸には何着という服の数量が，縦軸には服1着の価格がシリングの単位で計られている。この上に需要曲線と供給曲線を描き込んでみよう。価格が高ければ，その分，売り手はよりたくさんの服を売りたいだろうから，供給曲線は右上がりになる。また，価格が高いほど買い手はあまり買いたくないだろうから，需要曲線は右下がりになる。ちょっと考えにくいようにお感じになるだろうか。実は，それには理由がある。今の説明の仕方だと横軸には独立変数である価格を計り，縦軸に従属変数である数量を計ったほうが素直なのだから。ところが，皆さんも中学校以来勉強してきたように，経済学では需要曲線，供給曲線を図のように描くのが普通である。これは，それらの曲線を初めて1つの平面上に描

いたマーシャルに由来する描き癖なのである。まあ，これにはとりあえず慣れていただくしかないだろう。

　さて，先ほど，私は，値段が上がると需要が控えられ供給が促進される，とあたりまえのように説明した。だが，あたらめて聞かれたときに，それはなぜだか答えられるだろうか。マーシャルはもともと次の理由から，右上がりの供給曲線と右下がりの需要曲線を導いた。まず，供給曲線の側から考えてみよう。服の供給者は縫製会社である。縫製会社は100着，200着ならば苦もなく生産するだろう。しかし，注文が500着，1000着となったらどうだろうか。ミシンの台数も限られているし，工場の広さにも限りがある。結局，注文に応じるために，割増し手当を払って縫子に残業してもらうしかない。つまり，後から生産した服ほど，服1着の生産にかかる費用は大きくなっていくのである。縫製会社は最後の1着の生産にかかる費用をそのまま，それより前に生産した服も含めて1着あたりの価格にする。なぜなら，価格がそれより高ければもう1着生産したほうが儲かるし，価格が最後の1着の費用よりも低ければその前の1着で生産をやめたほうが得だからである。効用の場合と同じく，最後に生産する財にかかる費用を**限界費用**と呼ぶ。こうして，縫製会社は価格と限界費用が等しくなるところで服の供給量を決めるのである。今はある1社の縫製会社の内部で考えたが，縫製会社は何社もあるわけだから，コストが安い会社から順に生産を行ない，いちばんコストの高い会社の1着あたりの費用が産業全体の服1着の価格になると考えても同じことである。

　次に，需要曲線については消費者の効用を考える。服を1着，2着，……，と消費していくと，最後に消費した服1着から得られる満足感，すなわち，服の**限界効用**は小さくなっていく。消費者がその効用に値段をつけるとして，最後に消費した服から得られる効用の値段よりも価格が小さければ，もう1着買ったほうが得である。逆に，その値段よりも価格が大きければ，服の消費をその前の1着で止めておくはずである。こうして，消費者は価格と限界効用の値段が等しくなるところで服への需要量を決める。今は1人の消費者

を考えたが，多くの消費者のうち服を高く評価する消費者から順に服を需要し，1番評価の低い消費者の限界効用の値段が服の価格になると考えても同じことである。

　こうして描かれる服全体の需要曲線と供給曲線が交わるところで，供給者と需要者が折り合うことになる。この図では 7000 着供給するときに供給者は 1 着 50 シリングを要求し，7000 着需要するときに需要者は 1 着 50 シリングなら喜んで支払うわけだ。2 つの曲線の交点では需要者のつける価格と供給者のつける価格との間にズレは存在しない。同じことを価格を基準に見ることもできる。市場で 50 シリングの価格が提示されると，供給者は 7000 着を供給し，需要者は 7000 着を需要する。2 つの曲線の交点では売れ残りも品不足もないことが分かる。数量を基準にした前の見方では，もし，2 つの価格にズレがあれば供給者が数量を調整すると考えるのが自然だろう。マーシャルのもともとの考え方はこれに近いと言われている。それに対し，後者では，売れ残りや品不足がある場合，価格が変化して調整が進むと考えられるだろう。ワルラスは主にこうしたイメージで市場を見ていたと考えられている。

　価格 50 シリング，数量 7000 着で服の市場の均衡が成立したとしよう。市場を通したこの取り引きは，服の消費者と縫製会社双方に当然利益をもたらしていると考えられる。これを図によって見てみよう。さきほどの説明から分かると思うが，需要曲線の下側で 7000 着までの面積は消費者が消費した服 1 着 1 着から得る効用につけた値段を合計した金額を表わしている。ただ，このうち，50 シリングより下の長方形は消費者が服を購入したときに支払った金額，50 シリング×7000 着を表す。それでは，その上の三角形はどう考えればいいのだろうか。それは何と，見返りなしにただで手に入れた効用の金額換算と解釈できるのである。マーシャルはこれを**消費者余剰**と呼んだ。もちろん，消費者余剰はお金で懐に入るわけではなく，得した，という精神的なものである。消費者が支払った 350000 シリングは縫製会社の売り上げだが，この長方形の面積のうち，供給曲線より下の部分は服 1 着 1 着の生産にかかった費用の合計である。それらを差し引いた長方形の左上の三角形は

9　マーシャルとケンブリッジ学派　　59

マーシャルによって**生産者余剰**と呼ばれた。平たく言えば，「儲け」だが，このなかには**利潤**のほかに**減価償却費**や**支払利子**なども含まれている。

　マーシャルの生きた時代には，イギリスの経済に大きな変化が起きていた。かつて「世界の工場」と呼ばれ，栄光をほしいままにしたイギリスは，アメリカやドイツといった後発国の経済成長のなかで，その地位を相対的に低下させていた。こうした状況を背景に，イギリス国内では保護主義の傾向が強くなっていったのである。マーシャルはこれに真っ向から反対する。イギリスの経済に再び過去の栄光を取り戻すには，むしろ，貿易を自由に行ない，他国との競争を通して生産技術の発展と改善を図っていくしかない。彼はそう考えた。ここにも，マーシャルの真理を見つめる真摯なまなざしを感じることができる。

　この時代の経済の激動は彼の経済学にもその影を落としている。マーシャルは，上に見たような市場の理論を，多くの小さな企業が競争を繰り広げる**完全競争**の状況を想定して組み立てていた。しかし，20世紀を迎えるころから，重工業化や株式会社制度の普及によって，完全競争の前提が妥当しない経済現象が多く見られるようになってきたのである。彼は理論の内容と現実の経済現象とをうまく整合させるために苦労を払うが，その苦闘のあとは彼を引き継いだケンブリッジ学派のその後の展開を大いに刺激した。経済は生き物のように自らを変化，発展させていくという実感は，彼に，自らのまとめ上げた経済理論を超える新しい経済学の枠組みを模索させた。その考えは，当時すでに時代の思想となっていた生物進化の考え方に強く影響されたものであったようである。彼は生き物としての経済を扱う経済生物学を展望しているが，その展開に着手するには至らなかった。

　総じて，マーシャルの経済学の総合的でバランスのとれた構成は，彼の注意深い，物事を深く考える性格に由来するものであったように思われる。彼は，限界革命の経済学を自分の理論のベースとしつつも，イギリスの伝統である古典派の理論にも敬意を払い，両方を総合するものとして自らの理論を位置付けていた。さきほど見た需要曲線と供給曲線は，クロスしている感じ

がちょうどハサミのように見える。彼は，財の価値は，供給の要因を強調した古典派の考え方と，需要の要因を強調した限界革命の考え方の両方が相俟ってはじめて決定できると言う。こうしたバランスのとれたマーシャルの体系は，敬意を込めて**新古典派**の名前を送られることになる。そして，その名は，現在ではより広く，現代経済学の標準理論の呼称として用いられているのである。

10

ピグーの厚生経済学

■ Pigou, *The Economics of Welfare*『厚生経済学』1920 年

　偉大な経済学者マーシャルの足跡は，その後のケンブリッジ学派をしばらくにわたって絶対的に支配した。マーシャルにはピグーとケインズという2人の優れた弟子がいたが，ケンブリッジ大学の経済学教授の地位を譲られたのは，ケインズより1歳年上のピグーであった。長い学問的苦闘の後にマーシャルの経済学の批判者となるケインズに対し，ピグーは，経済学の純粋理論はマーシャルをもって完成に達したものと考え，生涯を通してその応用に心を砕いた。ピグーの家系は代々軍人として大英帝国に忠誠を尽くしたのであったが，彼の人並外れたマーシャルへの忠誠心はその血筋に由来すると言ったら言いすぎになるだろうか。

　ピグーの今日につながる多くの貢献のうち，代表的なものの1つは，環境破壊などの経済的意味を考えるのに有効な**社会的限界費用**の議論である。これは，マーシャルの**余剰分析**の直接的応用として導かれる。図には鉄の市場の需要曲線と供給曲線が描かれている。ただ，前の章の図と違い，供給曲線が2本あるのはなぜだろうか。そもそも，すでに説明したとおり，供給曲線は最後に作る1単位の財の費用，つまり，この場合には鉄1トンの限界費用の高さを結んだものであった。もし，この費用評価に2つの見方があれば，

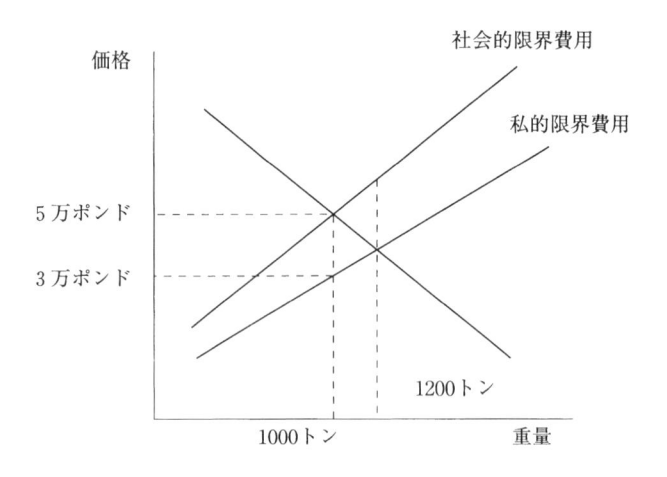

```
                価格          社会的限界費用

                                    私的限界費用

       5万ポンド- - - - - - - - -
       3万ポンド- - - - - - - - - - - -

                                    1200トン
                         1000トン              重量
```

　当然2本の供給曲線が引けるわけである。世の中には自分が感じる費用と社会全体が感じる費用とが食い違う場合が結構ある。車の窓からゴミを捨てるとき，自分の手間は窓を開ける程度のことだが，その捨てたゴミは道路の脇を汚し，それを片付ける人に多大な迷惑を及ぼす。このように，自分の行動が迷惑や費用となって他人を苦しめることを**外部不経済**と呼んでいる。逆に，自分で楽しむために花壇に花を植えたことが，道を行く人の目を楽しませるなど，自分の行動が他人の利益になれば，これは**外部経済**である。

　上図の例の場合，製鉄会社は費用をかけて1トン1トンの鉄を生産しているが，その費用とは鉄鉱石やコークスなどの原材料費や従業員の人件費の合計にとどまる。もちろん，それは製鉄会社としては当然の計算であるが，製鉄の過程で多くの煤煙が出て，空気を汚していたらどう考えるべきだろう。汚れた空気は，たとえば，その町で商売しているクリーニング屋さんに，煤煙を防ぐための費用を追加的にかけさせるかもしれない。また，その町に住む子供が煤煙のために喘息になり，親は治療費の出費を余儀なくされることもあるだろう。経済の枠組みそのものは，それらの費用を製鉄会社の責任とはみなさない。したがって，製鉄会社が負う費用，つまり，**私的限界費用**は図の下側に引かれた供給曲線のようになるだろう。しかし，製鉄会社の操業

がクリーニング屋さんや住民の負担を増やしているのは間違いないことである。さきほどの私的限界費用にこうした外部不経済に伴う費用を加えたのが社会的限界費用である。

　それでは，外部不経済の発生を防ぐために鉄の生産をやめるべきだろうか。そんなことはない。鉄は私たちの生活に必要であり，図の需要曲線に見るように私たちに効用をもたらしてくれるのである。要はバランスなのだ。私的限界費用だけを考えた生産をしている現状では，鉄の生産が社会的に望ましい水準よりも過剰になっているのである。それでは望ましい生産水準とはどれくらいなのだろうか。これを図によって調べてみよう。

　私的限界費用だけを考えている現状では，鉄の生産量は1200トンだが，これは1トン4万ポンド程度の価格で売り切れることが図から分かる。しかし，このとき，実際には，社会的限界費用に相当する高さの費用が発生している。その結果，消費者余剰と生産者余剰の合計は，需要曲線の下側で私的限界費用曲線の上側にある三角形ではなく，需要曲線の下側で社会的限界費用曲線の上側にある三角形になる。しかも，今，鉄は1200トン生産されており，需要曲線と社会的限界費用曲線との交点にあたる1000トンよりも生産量が右に来ている。1000トンと1200トンの間では費用と効用の値段とが逆転しているので，需要曲線より上で社会的限界費用曲線より下の小さな三角形は全くの損失になっているのだ。この損失の分だけ社会は全体として悪い状態になっているのであるから，この損失がなくなるように鉄の生産量を1000トンに抑えるのが望ましいことになる。

　これを実現するためには，たとえば，政府が製鉄会社に税金を課すことが考えられる。社会的限界費用まで考えたとき，鉄1トンの価格は5万ポンドに決まり，1000トンの鉄が供給されすべて需要されるはずだ。一方，1000トンの鉄を生産したときの私的限界費用は3万ポンドであるから，このままでは製鉄会社はもっと鉄を生産したほうが儲かる。そこで，この製鉄会社が1000トンの生産をするときに3万ポンドではなく5万ポンドの費用を感じるように課税すればよいのである。つまり，鉄1トンあたり2万ポンドの税

金を徴収すれば，私的限界費用曲線が上に２万ポンド分，平行移動したことになり，需要曲線との交点がちょうど５万ポンドで1000トンの生産というところに落ち着くわけである。こうして，課税によって外部不経済を抑える案を提起したのがピグーであったことから，このやり方を**ピグー税**と呼んでいる。現代の地球環境問題を解決するために考えられている「環境税」や「二酸化炭素排出税」などは，ここにその発想の根っこがある。

　実は，この手の外部不経済の問題を解決するためなら，税金とはまったく逆に製鉄会社に**補助金**を与えてもよいのである。そんなことを言うと，盗っ人に追い銭，じゃないかと怒る方もいらっしゃるかもしれない。もちろん，鉄の生産に補助金を与えるのではなく，１トン減産するごとに２万ポンドの補助金を出すのである。こうすると，生産を１トン増やすたびに，製鉄会社は政府からもらえるはずの２万ポンドを失うのだから，先ほどと同じく私的限界費用曲線が２万ポンド分，上に平行移動したことになる。意外な感じのするこの事実は，後にイギリスの経済学者**コース**によって発見され**コースの定理**の名で呼ばれている。また，今の例では政府が課税したり補助金を与えたりすることにしていたが，民間の当事者どうしの間でお金のやり取りをしても同じことになる。すなわち，製鉄会社が１トンの増産のたびに被害者に２万ポンド払うか，被害者が製鉄会社に，１トン減産してくれるごとに２万ポンド払うのである。先ほどの図を見れば，このことも納得がいくであろう。

　マーシャルが貧困問題の解決を経済学の課題としたことを受けて，ピグーは国民みんなの幸せを大きくしていくことに，経済学がどんな貢献をできるのかについて真剣に考えた。国民みんなの幸せのことを**厚生**と呼ぶが，ピグーは，この厚生は国民１人１人の効用を合計したものであると素朴に考えた。そして，その厚生を可能な限り最大にする方法にいろいろと頭をひねったわけである。ピグーにとってそれは師マーシャルが自分に残した使命であると感じられたのであろう。こうして，ピグーが始めた経済学の流れを**厚生経済学**と呼んでいる。ピグーの生涯をかけた著作の題名は，まさにその『厚生経済学』であった。

ピグーは，国民1人1人の効用の和である厚生は，当然のことながら国民の消費する財の量に依存すると考えた。そこで，現在，**国民所得**と呼ばれている国民が1年間で生産した財の量を，厚生を最大にする手段と考えたのである。ピグーは，こうであるほうが厚生は大きい，という3つの原則を立てる。その3つとは，財の量は多ければ多いほどいいこと，財の量の分配が平等であればあるほどいいこと，財の量の変動が少なければ少ないほどいいこと，である。どれももっともなことで，特に文句をつける必要がないように感じられる。しかし，ちょっと待ってもらいたい。2番目の原則に問題はないだろうか。財の分配が平等な方が厚生は大きいと言い切るためには，異なった2人の間で効用の大きさが比較できないといけないのではないか。実際，ピグーの説明はこうである。金持ちと貧乏人とがいるとき，財をたくさん消費する金持ちは限界効用が小さく，財の消費量が少ない貧乏人は限界効用が大きい。そこで，いくらかの財をお金持ちから取り去って貧乏人に分け与えれば厚生の水準は高くなるのだ，と。ピグー以降の厚生経済学の議論は，実はこの問題をめぐって繰り広げられていくのである。

　晩年のピグーは，暖かい日にはキャンパス内の芝生に椅子を持ち出してゆっくりと昼寝を楽しむことが多かったと言う。師マーシャルの経済学に反旗を翻した弟弟子ケインズを，マーシャルというお月様に矢を射る夢想家だ，と，かつて厳しく批判したピグーであったが，穏やかな春の日差しを浴びながらどのような思いに耽っていたのであろうか。

11

フィッシャーの利子論

■ Fisher, *The Theory of Interest*『利子論』1930 年

　この本ではこれまでのところ、アメリカの経済学について言及してこなかった。その理由は、19世紀までのアメリカには、取り上げるに値するほど独創的な経済学の流れは現われていなかったからにほかならない。アメリカは、政治的に独立した後も経済的には多くの面でイギリス本国に依存して発展してきた。北部には徐々に国内市場を対象にした工業が発展してきていたが、イギリス製品の競争力に対抗できる力を持ってはいなかったのである。また、南部は輸出向けの綿花の生産を、奴隷を使って行なっており、アメリカの国民経済の形成には熱心ではなかった。1861年に始まる南北戦争で北軍が勝利したことをきっかけに状況は変化し、北部の工業家主導でアメリカの産業・経済を育成する政策がとられることになる。その結果、アメリカ独特の大企業を中心とした経済体制が作られ、19世紀末から20世紀初めにかけて、アメリカはドイツと並んでイギリスを脅かす経済力を蓄えることになったのであった。

　こうしたアメリカ経済の発展を背景にして、アメリカの経済学も独特の進展を遂げるようになる。もちろん、アメリカにおける経済学の発達は、イギリスや大陸ヨーロッパの経済学の輸入から始まったが、世紀の変わり目のこ

ろから急速な進歩が見られるようになった。この章でご紹介する**フィッシャー**は、この時代のアメリカ経済学の成熟を代表する経済学者である。

フィッシャーは牧師の息子として生まれ、大学で数学、経済学などを学んだ。彼は経済学者としての活躍のかたわら、生涯を通して健康の大切さを世に広める運動をしたが、何かそのあたりに、幼いころ父親から受けた、世のために人のためになることをしなさいという教育の跡を見ることができるように思う。ちなみにフィッシャーは、パーティーの席でも酒を飲まず、健康のために野菜ジュースで乾杯をしたそうである。フィッシャーは大学の卒業論文として、経済理論の数学的な研究を発表するが、当時のアメリカの、経済学者の研究水準から言うとこれは早すぎた業績であったようである。ただ、経済学の歴史全体で見れば、もちろん早すぎることはなく、効用の考え方や一般均衡の枠組みなど、ヨーロッパではすでに研究されている内容であった。しかし、フィッシャーはそれらをあらためて独自に開発したのであり、そこに彼の天才を見ることができるだろう。この後、彼の関心は特に金融の分野に移っていった。それは何よりも、未だに経済学の重要問題である景気循環が、金融の在り方と深く結び付いているからである。ただ、この分野は、それまでの経済学が十分に明らかにしていなかったところであった。そこに、フィッシャーの独自性と、彼の経済学への貢献が金融、特に**利子論**に集中している理由があったのである。利子論と言えば、すでにこの本では、**ベーム－バヴェルク**がオーストリア学派の独自の視点から包括的な利子論を展開していたことをご紹介した。両者は海を隔てて、利子論の構成について長い論争を戦わせた。この論争は、当時は決着に至らなかったが、現在の経済学の視点からは、利子の本質はともかく、その構成の論理整合性という意味でフィッシャーに軍配が上がっていると言っていいだろう。

彼は、物価の変化と利子の性質についての考察から、不景気になって物価が下落すると債務者の負担が重くなり倒産が引き起こされる事実を指摘し、その発見に**フィッシャー効果**の名を残した。そして、物価の変動を食い止めることが経済の安定を保つ道であることを訴え続けた。このように、景気循

将来（万ドル）

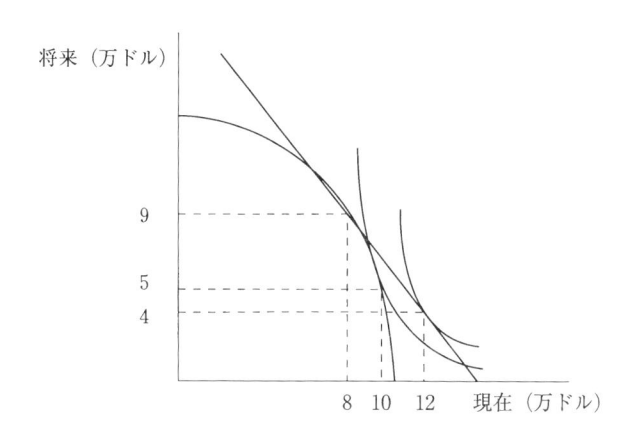

9
5
4

8 10 12　現在（万ドル）

環を自分の研究の最終目標としたフィッシャーだったが，自分自身のこととなるとやはり油断があったようである。発明の才もあったフィッシャーは，便利なカードファイル法の発明を義父の補助を元に事業化することで築いた財産を，当時好調だった株式投資につぎ込んでいたが，1929年の株価暴落を予見できず破産してしまう。この破産で全財産を失い，経済学者としての名声も傷つけられたフィッシャーは，余生を母校エール大学の教授として静かに過ごすことになった。やはり，株は難しいものである。

　フィッシャーが開発し，現在の経済学でもスタンダードとなっている利子論とはどのようなものだろうか。基本はこういうことだ。**利子率**は他人に貸し付けられる資金の値段だから，人々が貸し付けたいと思う資金総額と他の人々が借り入れたいと思う資金総額が等しくなるように決まる。その意味で他の一般の商品と同じく需要と供給から決まると言っていいのだが，問題は，その需要と供給がどうやって導かれるか，そして，利子率が資金の市場を均衡させたとき，個人の中で何が起きているか，である。上の図を見ていただきたい。ちょっと複雑な図であるが，ある個人について，横軸に現在の**所得**を縦軸に将来の所得を計っている。よく見ると，すでにご紹介した，原点に向かって出っ張ったなめらかな曲線が描かれていることが分かる。そう，**無差別曲線**である。ただ，この場合の無差別曲線は満足感を等しくする小麦と

石炭の組み合わせではなく，現在の所得と将来の所得との組み合わせを表わしているところが違っている。所得は多い方がいいに決まっているから，より原点から遠い無差別曲線の方が高い満足感に対応するのは普通の財のときと同じである。なお，ここで「現在」はいいとしても，「将来」という時間の取り方は，死ぬまでの間であれば無数に考えられる。本当は毎年毎年を全部考えなくてはならないのだろうが，ここでは分かりやすく人生を2つの期間に分け，若いころを「現在」，年とってからを「将来」と考えよう。

図には無差別曲線と並んで，外側に向かって出っ張った見慣れない曲線が描かれている。これは若いころと年とってからとで，がんばればどこまで所得を得られるかの組み合わせを表わしている。この曲線の内側より所得の組み合わせももちろん可能だが，それは怠けていることを表わすわけで，この人はそういう無駄はしないとしよう。この曲線は右下がりであるが，これは若いころたくさん稼げば年とってから稼げなくなるし，年とってからたくさん稼ごうと思えば若いころあまり稼げないということを意味している。これは勉強の期間や下積みの長い仕事は年とってからの給料がいいし，すぐに金になる仕事は昇進が期待できないことを考えれば理解できるであろう。曲線が外側に出っ張っているのは，具体的には，若いころ結構稼いでいる人がより稼ごうとすると無理が出るから年とってからの所得をかなり減らさなくてはならないのに対し，若いころの所得が少ない人はより稼ごうとしても年とってからの所得をそれほど減らすことなしに可能だということである。

若いころの所得をとるか年とってからの所得をとるか，この2つの選択肢の間でのトレードオフの関係を表わす曲線は，2つの財に関して同じような図を書いたときには**生産可能性フロンティア**と呼ばれるが，フィッシャーは，今のように利子を考える場合にはこれを**投資機会曲線**と名付けた。なぜだろうか。それは，ここで取り上げた個人が若いころと年とってからを見渡してどんな選択をするかを説明すればご理解いただけるだろう。もしこの人が，今の稼ぎは今の生活に当て，年とってからの稼ぎは年とってからの生活に当てるのであれば，彼の選択は現在の所得および消費支出が10万ドルで将来の

所得および消費支出が5万ドルということになる。これは他人との間でお金の貸し借りがないということである。なぜなら，お金の貸し借りができるのであれば，お金を借りて現在の所得以上を消費したり，将来のために消費を現在の所得以下に抑えたりできるはずだからである。貸し借りが許されていなければ，図のように，この人は一生を通しての満足感をできるだけ大きくするために自分の能力や資産で可能な最大の満足感を得ようとし，投資機会曲線の内側にどうにか収まる点を持つ，最も右上にある無差別曲線を選ぶだろう。それは，投資機会曲線と接する無差別曲線であり，その接する点がさきほどの選択を示している。

けれども，実際にはお金の貸し借りは可能だ。お金の貸し借りによってこの人の選択はどう変わるであろうか。再び図を見てもらいたい。図には2種類の曲線のほかに，右下がりの1本の直線が描かれている。これは利子率を表す曲線で，後でご説明するようにこの人は，この直線の上なら，お金の貸し借りで自由に移動できる。この曲線の何が利子率を表わしているのかと言えば，それは傾きである。図の直線は，直線上の点から左に1万ドル行き，そこからさらに上に1.25万ドル上がれば再び直線上に戻るように引いてある。これは実は利子率が1.25－1で0.25，つまり25％であることを表わしている。このことも説明の過程でご理解いただけると思うので，先に進むことにしよう。利子率を表わす曲線が投資機会曲線に接している限り，お金の貸し借りで直線上を自由に移動できるのだとすれば，この人は生涯の消費支出としてどの点を選択するであろうか。もちろん，彼は，利子率の直線とかろうじて共通点を持つ最も右上の無差別曲線を選び，両者が接する点に生涯の消費支出を決めるはずだ。それは，若いころの消費支出12万ドル，年とってからの消費支出4万ドルを意味する。この消費生活の元手になるのは，利子率を表わす直線と投資機会曲線が接する点が示す，若いころの所得が8万ドル，年とってからの所得が9万ドルという生涯を通した所得の流れである。この人が若いころ実際に稼ぐのは8万ドルだが，子供が小さくてお金がかかるとか，家を購入したいとかいう理由で必要な4万ドルを借り入れ，12万ドルの

消費をするわけである。そして，年とってから，9万ドルの所得のうち5万ドルを借金の返済にあて，残りの4万ドルで生活をする。元本4万ドルに25%の利子を加えたものは確かに5万ドルだから，ちょうど帳尻が合うことがわかろう。貸し借りによる移動が利子率の直線上で行なわれる限り，必ず，きちんとした返済が可能なのである。

　お金の貸し借りが可能になったことで，この人が生涯の消費計画だけでなく所得の得方も変化させたことは今の説明からお分かりになったと思う。変化の前後で具体的に比べると，若いころの所得を2万ドル減らすことによって年とってからの所得を4万ドル増やしていることが分かる。将来により多くの所得を得るために現在の所得を犠牲にすることを**投資**と言うが，この人は今2万ドルの投資を選択したわけだ。おそらく，自分の能力を高めるための勉強に時間を当てたり，所得を使わずに資産につぎ込んだりしたのだろう。このように投資機会曲線は，現状からいくら投資するといくら**収益**を上げられるかを表わしてもいる。フィッシャーの命名の理由ももうお分かりだろう。ちなみに，現在，投資する金額を多くすればするほど将来の収益が大きくなるものの，その儲けの度合は少なくなってくることも曲線の形から読み取れるのである。

　この人は借り入れを行なうことで生涯の満足感を高めることができたが，また別の人は若いころに貸し付けをして返済分を年とってからの生活に当てることで生涯の満足感を高めることができるかもしれない。図から分かるように，そのような人の無差別曲線は左上のほうに寄っているはずである。このように社会にはさまざまな無差別曲線と投資機会曲線を持った人がいるはずだから，25%の利子率でも貸し付けをしたい人もいれば借り入れをしたい人もいるはずである。それぞれの希望金額の合計が借り入れ側と貸し付け側で等しければ利子率はすんなり25%に決まる。だが，もし，それらが食い違っていれば，利子率は変化していくことになる。利子率の変化によって貸し付けを希望していた人が借り入れを希望するようになったり，その逆といったことが起きることだろう。また，少なくとも，各人の希望する借り入れ額と

貸し付け額は変化するはずだ。こうして，利子率は，資金の需要と供給が一致するところで決定されることになる。

　以上見てきたフィッシャーの利子論は，結局のところ，小麦と石炭のような2財の関係を将来の所得と現在の所得に当てはめたものであることはお分かりになったはずである。所得は最後には消費にあてられるので，利子率とは現在の消費と将来の消費とのありがたみの比率，もっとはっきり言うと，人は将来の財よりも現在の財のほうをどれくらいの割合で高く見積もるかを示していると言える。とらぬ狸の皮算用，などと言うが，なぜか私たちは現在目の前にある財の方がありがたいようだ。ということは，フィッシャーの利子論は，利子という現実を財の時間的な関係から生じるものと見なしていることになる。お金と利子の関係は，あくまでも後から，物価の上昇分が利子に上乗せされるという形で入り込んでくるのである。だが，私たちが利子と言うとき，何かもっと本質的に，お金そのものに深く結び付いたイメージがないだろうか。この疑問は，後に経済学者ケインズによってもっと理論的な形で提起されることになる。

12

ヒックスと消費者理論の拡充

■ Hicks, *Value and Capital*『価値と資本』1939 年

　ヒックスという経済学者をご紹介するときに，どの時期のどんなヒックスを語るかは，なかなか難しい問題である。彼はそれほど偉大な経済学者であり，一言で語り尽くせない魅力を持っているからだ。

　ヒックスは彼の若いころに経済学研究の中心地であったケンブリッジ大学でなく，オックスフォード大学で経済学を学んだ。しかし，学生時代の彼の研究は具体的な労働問題についてのものであったので，この本でも紹介した，オックスフォードの有名な経済学者エッジワースの業績についてはよく知らなかったようである。卒業後，若い学者たちが集まり，新しい経済学の息吹に満ちたロンドン・スクール・オブ・エコノミクスの先生になったヒックスは，同僚たちから刺激を受け，その持って生まれた能力を開花させていく。もともと，大学で経済学を専攻するまでは数学が得意だったヒックスは，数学を使った経済理論の分野で現代経済学の土台を築く研究を若くして成し遂げていった。とりわけ，微分・積分に加えて，多くの数値からなる表を意のままに計算する行列の手法を経済学に取り入れたことで，一般均衡の複雑な分析が可能になった。ヒックスの研究の元になったアイディアそのものは彼に先立つ多くの経済学者が思い付いたものが多かったが，彼はそれらを厳密

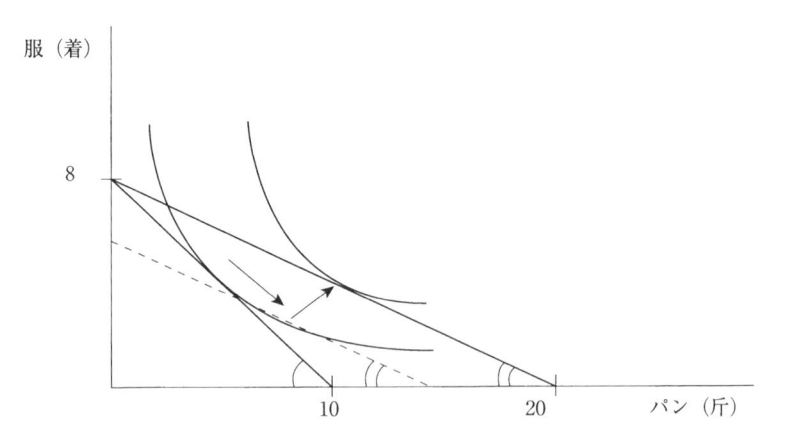

な数学の形に次々と翻訳していったのである。理論の構造を一瞬にして明快に摑み取る才能は，ヒックスの場合，常人の及ばない驚くべきもので，**ケインズの経済学のエッセンスを表わしたものとして後にご紹介する IS-LM 分析**は，ケインズの考え方をテーマにした学会に出席していたヒックスが，そこでの議論を聞きながらサラサラッと書いたメモがその元になっているとされている。彼の経済学にインスピレーションを与えた経済学者としては，この本で紹介しただけでも，**ワルラス，パレート，ヴィクセル**らをあげることができるだろう。

　ヒックスは，ロンドン・スクール・オブ・エコノミクス時代の濃密な研究を元に，現代経済学の古典と呼ばれる代表的著作『価値と資本』を若いころに書き上げた。この著作の内容もまた盛りだくさんで，現代経済学の方向を決定づけたさまざまな論点を含んでいるのだが，この本では思い切って切り捨てを行い，消費者理論についてのみ詳しくご説明したいと思う。

　上の図をご覧いただきたい。この図もだいぶ見慣れてこられたことと思う。横軸にパンの消費量，縦軸に服の消費量を計った，ある人の**無差別曲線**である。無差別曲線は２本描いてあるが，それぞれの無差別曲線に直線が接している。これは何だろうか。前の章で，利子率を表わす曲線のお話しをしたが，それと同じように言えば，この直線は価格を表わす直線である。角度の印を

つけてある直線の傾きが，パンの価格と服の価格の比率を表わしている。普通これらの直線は**予算制約線**と呼ばれている。その理由はこうだ。私たちは，パンとか服とかの財がほしいとき，それらの財を持っている人をわざわざ探して自分のと交換する，などということはしない。手持ちのお金でお店にいって財を購入するはずである。この直線の内側では，予算をオーバーしないでパンと服の組み合わせが買える，という直線が予算制約線なのだ。たとえば，今，服1着が5ポンド，パン1斤が4ポンドだとしよう。この人の**所得**が40ポンドでそれらすべてを消費に支出するとすれば，次のようないろいろな組み合わせでパンと服を買うことができる。もし，パンを買わずに服だけ買えば40÷5で8着買えるだろう。逆に，服を買わずにパンだけ買えば40÷4で10斤を買うことができる。他にも，服4着にパン5斤なども考えられる。パンはともかく，服を1着より細かな単位で買うというのは非現実的であるが，今，そんな細かな買い方もできるとすれば，40ポンドの所得を使い切るパンと服の購入の組み合わせは，図の左下の直線になることがお分かりいただけるだろう。もちろん，この予算制約線より内側の買い方も可能で，そのときは所得のうちいくらかが使い残される，つまり，**貯蓄**されることになる。

　このようにさまざまに可能な買い方のうち，この人はどんな買い方を選ぶのだろうか。それはもちろん，自分の満足感を最大にする買い方である。言い換えれば，予算で買える組み合わせの中で最も右上の無差別曲線にのっかる買い方，すなわち，図の左下の無差別曲線とさきほどの予算制約線との接点である。その接点の横軸目盛がパンの購入量，縦軸目盛が服の購入量になる。

　さて，翌月になったとする。すると，うれしいことに，パンが1斤4ポンドから半額の2ポンドに値下がりしたとしよう。給料は40ポンドで先月と変わらないとしても，この人の消費から得られる効用は明らかに高くなることが予想される。もちろん，それは，より豊かな消費生活が送れるからである。このことをもっと詳しく見てみよう。

　服の値段が変わらず，パンが半額になった。このことを聞いて私たちは何

を感じるだろうか。よく，ご自分の頭の中で想像してみてもらいたい。まず感じるのは，生活が全体として楽になったということであろう。実際には所得は40ポンドのままなのだが，何か給料が増えたような気がする。次に，パンと服それぞれに対する印象はどうであろうか。パンは半額と，とても割安感が出たが，値段を据え置いた服は逆に割高な高級品という感じがしてこないだろうか。実はこれら2つの印象は，理論的にも，価格の変化が財の買い方に与える2つの効果として分析できるものなのである。

パンが半額になったことによる買い方の変化は実際には一気に起こる。図で言えば，最初の選択から，より右の予算制約線とより右の無差別曲線の接点へと直接移動するはずだ。より右の予算制約線は，服だけ買うときの縦軸の目盛8着はそのままに，パンが半額になったので，パンだけ買うときの横軸の目盛を元の2倍で20斤にしたものである。図の場合には，ちょっと微妙だが，パンの購入が大きく増えた反面，服の購入はわずかに減っているように見える。これを先ほど，私たちが感じた印象のように，2つの段階に分解してみよう。パンが安くなったことでこの人の所得がものを購入する力は大きくなったのであったが，もし，ものを購入する力が元のままだったらどうなるか，そんなSFの世界を考えてみる。価格が変化しても，この人が所得を使って得られる効用を元のままに保つように，給料が自動的に変化するのである。すると，価格の変化とともに左下の無差別曲線の表面をなでるように予算制約線が回転していくので，パンと服の価格の比率が5対2になる架空の予算制約線は点線のようになる。新しい接点を元の接点と比べると，パンの購入が増えているのに対して服の購入ははっきりと減っていることが分かるだろう。このように，価格の割高・割安が財の購入量に与える効果だけを取り出して**代替効果**と呼んでいる。代替効果は，割高になった服を割安になったパンで「代替」することだから，割高になったものの購入は必ず減り，割安になったものの購入は必ず増える。次に，価格の変化は前提として，所得のものを買う力が大きくなった効果だけを取り出して考えよう。それは図で，点線の予算制約線の右上への平行移動として表わすことができ，**所得効**

果と呼ばれている。これは文字どおり，所得が増えたのと同じだから，懐具合が暖かくなった分，パンの購入も服の購入も同じように増えていることが分かるだろう。

　こうして，次のことが言える。ある財の値段が安くなった場合，その財の購入はどちらの効果から見ても増える。しかし，値段が据え置かれるほうの財については，その購入量に対し，代替効果はマイナスに働くが所得効果はプラスに働くので，どちらが大きいかで全体として購入が増えるか減るかが変わるのである。

　ヒックスによって数学的にも明快なまとめが行なわれた，この所得効果，代替効果という分け方は，実はヒックスによって発見されたものではなかった。これが，ロシアの経済学者であり統計学者でもあった**スルツキー**に由来する業績であることは経済学者の間ではよく知られている。

　では，ヒックスはそもそも何のためにこうした消費者行動に関する詳細な分析を必要としたのであろうか。それは，一般均衡の**安定条件**を調べるためだったのである。一般均衡の安定条件とは，多くの財がある場合，ある市場で均衡に向かうような価格の動きが他の市場での不均衡を拡大しないためにはそれぞれの市場の間にどんな関係がなければならないかを考えることである。さきほどの2財の例で見たように，1つの財の価格変化は，その財の購入量はもちろん他の財の購入量にも影響を与えるので，こうした条件を考えることが必要になるのである。ただ，問題提起はともかく，この条件はヒックスによっては十分に解明されるには至らなかった。ヒックスに続いてすぐあとに出たサムエルソンという経済学者の業績の上に，1940年になってやっとこの問題は解決を見たのである。

　もう1つ，ヒックスの『価値と資本』は，後半部分の構想によって現代の経済学に大きな影響を与えた。と言うのは，ワルラスによって開発された**一般均衡理論**では，すべての市場で需要と供給を一致させる価格が一斉に決まるのだが，このままだと，未来永劫までの経済が一度の取り引きで終わってしまうのでない限り，その価格での経済活動が毎年同じ規模で繰り返される

と考えるか，価格をそのままに保ったまま比例的に拡大すると考えるしかない。でも，どちらも現実的とは言えない。ヒックスは生産量も価格も変化していく経済を，何とか一般均衡理論の発想を生かしたままで理論化できないかと考えた。そして，「週」という仕組みを考える。「週」とは，一般均衡論的に付けられた価格が生きている時間で，この間はその価格で契約通り生産と取り引き，そして，消費が行なわれる。しかし，この「週」の間に人々は投資をし，生産の基盤となる資本の量が変化していくので，次に開かれる市場では以前とは需要と供給の条件が変化しているはずだ。そして，そこでは新しい価格で一般均衡が成立することになり，また，新しい「週」が始まるというわけである。このちょっとおとぎ話めいた「週」の物語は，それでも，その後の経済学者に一時の一般均衡の連続として現実の変動する経済を捉える視点を与え，経済モデル作りのパターンとなったのであった。

　若いころにこのような偉大な業績を上げたヒックスであるが，その後，自分もその構築にたいへんな貢献をした現代経済学の在り方に疑問を持つようになったようである。彼は，現代経済学のモデルの問題点を指摘することや，経済の歴史の研究に没頭するようになっていく。彼は自分のノーベル賞受賞を日本滞在中に聞きたいへん喜んだようであるが，それが若いころの業績に向けられたものであることを知ったときにどう感じたのであろうか。

13

厚生経済学の新展開

■ Robbins, *An Essay on the Nature and Significance of Economic Science*『経済学の本質と意義』1932 年

　20世紀初めのロンドン・スクール・オブ・エコノミクス。それは，若い経済学者たちが集い，現代経済学の扉を開いていった，そんな活気に満ちた雰囲気の中にあったことは前の章でお話しした。**ヒックス**もその中の，奥手ではあるが飛び抜けて優秀な 1 人だったのである。実は，ロンドン・スクール・オブ・エコノミクスにヒックスのような若い才能を集め，励まし，開花させていった立役者としては，もう 1 人の若き経済学者**ロビンズ**を忘れることはできない。ロンドン・スクール・オブ・エコノミクスに学び，そこの教員になったロビンズは，理論を新たに構築したり，新しい経済分析の手法を考えたりするタイプの経済学者ではなかった。むしろ，第一線で活躍する経済学者に新しい研究の方向づけを与えたり，研究の現状に確信をもたせたりするような，ものの考え方，難しく言えば哲学を提起する役割を果たしたのであった。また，彼は，行政的な手腕にも長けていて，大学をうまく切り盛りしたり，すでに何度も述べているように優秀な学者を呼び集めたりすることに能力を発揮した。

　ハンガリーのブダペスト生まれの経済学者**カルドア**がロンドン・スクール・オブ・エコノミクスの先生になったのもロビンズのおかげだった。カル

ドアは当時のハンガリーの優秀な学生が皆そうであったように，ドイツに移り，ベルリン大学で学んでいる学生であった。そんな彼が経済学研究の中心の1つとしてロンドン・スクール・オブ・エコノミクスの名を聞き，そこへ移る決心をしたのは，ロビンズが大学改革の責任者になる少し前のことである。ロンドン・スクール・オブ・エコノミクスを卒業したカルドアは，ロビンズの推薦で母校で教えることになる。ケンブリッジ大学の**ピグー**によって始められた**厚生経済学**の論理的な問題点を鋭く突き，その革新を図ったのはこの師弟コンビであった。

　ロビンズは，彼の経済学についての考え方をまとめた主著『経済学の本質と意義』で何を主張したのであろうか。それを一言で言うなら，経済学を厳密な科学にしよう，ということになる。科学とは何であろうか。それは，あれはいいとかこれは悪いとか，そんな**価値判断**を入れることなく，観察と厳密な論理だけに基づいて事実を説明したり，人々が何かしたいときにその最善のやり方を示したりする営みと言えるだろう。経済学も，物理学や生物学などと同じ時代からそうした方向を追求してきたと言えるのだが，その扱う事柄は人間社会に直結することであるため，どうしてもいい悪いの価値判断と切り離しにくかった。ロビンズはそれを冷たく言い放つことで，経済学により高度な数学など，厳密な論理的手法を全面的に導入することを促進したのであった。彼は経済学とは何かという大上段の問いに，制約の範囲内で何らかの数値を最大化する計算問題だという方向性を言い切る。そして，どのような経済・社会の仕組みが望ましいか，という判断をすることを，経済学そのものには禁じる。その意味で経済学は，目的が外から与えられたときに初めて機能する学問なのである。

　だが，本人もそうとは知らないうちに価値判断が入り込むことはないのだろうか。ロビンズは，たとえば，ピグーの厚生経済学がそうであると考える。ピグーは財，したがって，所得の分配が平等なほうが，そうでない場合に比べて社会の厚生の水準は高いと述べた。その理由は，同じ金額でもお金持ちにとってのありがたみは貧乏人にとってのありがたみよりも小さく，その限

りでお金持ちにお金を出してもらって貧乏人に渡した方が，ありがたみの合計は大きくなるという判断になるからである。しかし，お金持ちの感じる**効用**と貧乏人の感じる効用とを大きい，小さいで判断することは可能であろうか。とりわけ，この判断によってお金持ちの財産や所得の一部を取り上げるかどうかが左右されるのだから重要な問題である。少し想像してみれば，これは，ある人はそうだと答え，別の人はそうでないと答える類いの問題であることが分かるだろう。効用が測定することもできなければ数字で表わすこともできないことはすでに確認したが，そうであれば，この人の効用よりあの人の効用のほうが大きい，などとは客観的に言えないことは明らかである。ロビンズはこのことを明確に指摘し，厚生経済学から，個人間で効用を比較する考え方を全面的に排除すべきだと主張する。そして，**効用の個人間比較**を排除した上で，社会の厚生について何か言えることはないかを考えたのがカルドアだったのである。

　もし，個人間で効用が比較できないのであれば，政府が貧富の格差を小さくするためと言って，どんな形にせよ所得を再分配するような政策をとることは一切正当化できないことになる。それどころか，どんな政策にも所得再分配がつきまとう以上，政策の是非を決定することはできないということだ。何か政策を実行するときに，それがある人の儲けになるが別の人の損になることは普通のことだろう。米の輸入自由化は消費者の効用を高めるであろうが，農家の所得は一時的にせよ下がるかもしれない。だとすると，政府は何かしようにも，できることは政策がみんなの得になるようなごく稀な場合だけ，ということになってしまう。カルドアは，ロビンズの指摘の鋭さに感じ入るとともに，さすがにこれではまずいと考えたのであろう。次のような妙案を思い付いた。

　政府がある政策をした結果，ある人には損失が，別の人には利得が発生したとする。このとき，得をした人の利得の一部を出してもらって，損をした人の穴埋めができたとしよう。つまり，この政策は合計をとってみれば国民の得になったということである。この政策は実行すべきだと考える人は多い

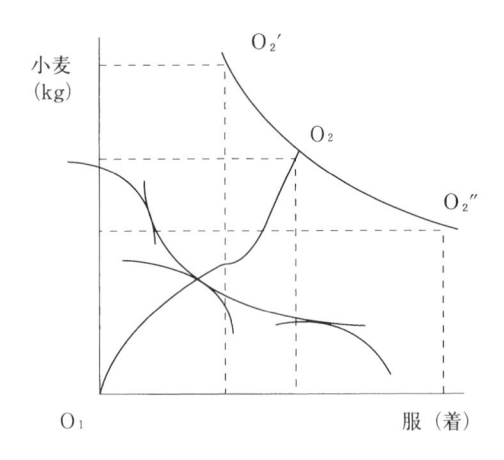

のではないだろうか。もちろん，得をした人から損をした人にお金を移動させるときにどれだけを移動させるかについて，全員の意見が一致することはありえないだろう。だから，損失の穴埋めは，仮にそうだとすれば，という架空の話ということにした方が安全であろう。カルドアは，その政策が行なわれれば，国民みんなが少しずつでもより幸せになる可能性がありますよ，ということなら，効用の個人間比較をしなくても，経済学が言えるということを発見した。そして，仮に損失の補償が行なわれれば，だれも損をしない政策であれば実行する，という約束ごとを作ってもいいのではないかと主張したのである。カルドアの述べたこの考え方を**補償原理**と呼んでいる。

　補償原理に基づいた新しい厚生経済学の流れは，いつしか**新厚生経済学**と呼ばれるようになった。補償原理に基づく理論を実際に構築することには，カルドア自身，そして，ロンドン・スクール・オブ・エコノミクスの同僚であったヒックスが大きく貢献した。この過程で，**消費者余剰**や**生産者余剰**などマーシャルの余剰分析の厳密な理論化も進んだ。しかし，この本では，**シトフスキー**という経済学者によって開発された，**無差別曲線**を使った説明方法で，補償原理についてご紹介したいと思う。

　上の図をご覧いただきたい。これは横軸に服の消費量，縦軸に小麦の消費量を計って描いた2人の個人の無差別曲線である。よく見てもらおう。左下

の角にO_1と書いてあるが，これは個人Aの消費量を計る原点である。確かに原点O_1に向かって出っ張った無差別曲線が1本引かれている。個人Bの原点はどこにあるのだろうか。あった。右上のほうにO_2という点がある。O_2から始まる横軸と縦軸が点線になっていて分かりにくいが，以前，お話しした**エッジワース・ボックス**になっていることを確認できるだろう。原点O_1と原点O_2を結ぶように引かれた曲線は，これもご存じの**契約曲線**である。個人Aと個人Bは自分たちの持っている服と小麦を持ち寄って交換し，これ以上2人両方の個人の満足感を高めることができない状態，つまり，**パレート最適**の状態に達している。図で言うと左上に出っ張った3つの曲線のうち，真ん中のものが個人Aの無差別曲線と接している点に今，両者はいる。左上に出っ張った3つの曲線はもちろん個人Bの無差別曲線であるが，実は3本とも同じものだ。個人Bの，その同じ無差別曲線を，最初に接していた個人Aの無差別曲線に接したまま滑らすようにずらしたものなのである。これに伴って個人Bの原点O_2も上下にずれていくが，それがO_2'とO_2''として表わされている。その間も含めて，個人Bの原点O_2が動いて行った跡を結ぶとこれも滑らかな曲線になる。この曲線を**シトフスキー・フロンティア**と呼んでいる。このシトフスキー・フロンティアは何を意味しているのだろうか。

　現在，この経済に，服はO_2横軸目盛の分だけ，小麦はO_2縦軸目盛の分だけ存在している。それを2人の無差別曲線の，初めの接点で山分けしているわけである。政府が何か政策を実行した結果，服の量が減り小麦の量が増えたり，その逆だったり，両方が増えたりするだろう。両方が増える場合は問題ないだろうが，片方が減る場合でも，2財の量を表わす点が原点O_1から見てシトフスキー・フロンティアの外側に来れば，2人の個人両方ともの効用を高めることができる。これは，シトフスキー・フロンティアの描き方から分かるはずだ。2人の個人の，元々の効用の水準を一定に保つような2財の量がシトフスキー・フロンティアの上にある点で表わされているのだから。このことから，カルドアの補償原理に基づいて，ある政策にゴーサインが出るかどうかは，その政策の結果がシトフスキー・フロンティアのどちら側に来

るかで判断できることが分かる。もちろん，外側ならゴー，内側ならノーである。

　経済が2人の個人と2種類の財からなるという浮世離れした話では分かりにくいかもしれないので，具体的な例を考えてみよう。たとえば，国が工業用水のためにダムを建設するかどうかの判断を考えているとする。工業用水の確保によって河口に工場を抱える会社は，ダムがなかった場合に比べてより大きな利益を得ることができるだろう。これに対し，ダムの下流の川漁師は川の流量の減少によって漁獲高が減って損害を被るとする。ダムの建設による利益と損失がこれで尽くされているとき，前者の金額が後者の金額を上回るときにダムの建設が決断される，というのが補償原理の考えなのである。このように，特に公共事業の着工にあたって，その結果生じる利益と損害を比較することを**費用便益分析**と言うが，補償原理はこの手法に理論的な基礎を与えている。

　補償原理の提起などで活躍したカルドアは，まもなく，**ケインズ**の考え方に大きな衝撃を受け，彼と行動を共にするようになる。この結果，カルドアとロビンズの間は気まずいものになっていった。後に，ケインズとロビンズはともに政府の委員として議論を戦わせた。ロビンズの信念に満ちた毅然とした態度にケインズは感銘を受けたようである。ひたすら，自分の信じるところを貫いたロビンズに対して，変化していったのは時代の方だったのかも知れない。

14

不完全競争理論の形成

■ Robinson, *Economics of Imperfect Competition*『不完全競争の経済学』1933 年
■ Chamberlin, *The Theory of Monopolistic Competition*『独占的競争の理論』1933 年

　ケンブリッジ大学において**マーシャル**の経済学を学んだ学生のなかには，もちろん女性もいた。そのうち最も有名なのは，若くして**不完全競争理論**の開発者として，後には現代経済学の批判者として名を馳せた**ロビンソン**だろう。

　ロビンソンはイギリスの中流家庭に生まれ，ケンブリッジ大学で経済学を学んだ。卒業後，ケンブリッジで教鞭を執ったが，夫も同僚の経済学者であった。彼女は自伝のなかで，自分の中に反逆者の血が流れていることを，軍を批判した軍人であった祖父の事例を引き合いに出しつつ誇らしげに語っている。その血は初めは控えめに，後には激しく現われたと言っていいだろう。

　マーシャルの経済学がその総合性ゆえの矛盾を抱えていることは，イタリア出身の経済学者**スラッファ**によって初めて明確に指摘された。その内容は簡単に言えば，こうである。マーシャルは生産量が増えていくにつれて製品を作るときの1個あたりにかかる費用が，増えていく産業，一定の産業，減っていく産業の3通りがあると述べた。その上で，どの産業においても，製品価格が各企業の思惑とは別に市場で決定され，各企業はその価格と**限界費用**とが等しくなるように自社の生産量を決めるという考え方を述べたのであっ

た。これを**完全競争**の仮定と言う。だが、ちょっと待ってもらいたい。費用の変化の仕方で分けた先ほどの3種類の産業のうち、1個あたりの費用がだんだん減っていくタイプの産業ではおかしなことが起こらないだろうか。と言うのは、その産業の場合、自社の生産量を増やせば増やすほど1個あたりの費用が減っていくのだから、少しでも他社に先駆けて生産を増やすことができた企業は有利になる。その企業は、他社より少し価格を下げて市場のシェアを奪ったり、同じ価格で売るのなら、より大きな利益をあげてそれでまた生産を増やしたりできるであろう。いずれにしても、最初の一歩を他社に先んじた企業はやがてその産業を支配するに至るはずである。これは経済学で言う**独占**という事態を招く。最終的には1社がその産業を牛耳るようになるのである。そしてまた、イギリスでも当時の各種の調査は、製造業の部門では、**平均費用**と呼ばれる製品1個あたりの費用が生産の増大とともに減っていく事例を多く示していた。スラッファによって改めて指摘されたこの問題だが、実はすでにマーシャルも気付いてはいたようだ。マーシャルは彼独特の卓抜な比喩でこの難問を切り抜けようとする。マーシャルは言う。企業と言っても、それは1人の経営者によって切り盛りされているのであり、その経営者が年をとっていけばやがて活力を失い、大木が倒れるように消えていくだろう。そして、その跡から、新しい経営者による若い企業が育ち、あたかも、1本1本の木は世代を重ねながら全体としては泰然自若としている森のように、産業は以前からの完全競争の状態を保ち続けるだろう。つまりは、どんなに有利な企業が現われても、その企業が独占の兆候を示す前に消えてしまえば問題ない、というわけである。しかし、すでにマーシャルの時代にも、個人の経営者一代限りの企業というのはむしろ稀になっていたと言っていいだろう。イギリスにあっても、工場や機械など製造業の生産設備の規模が大きくなるなかで、社会から広く出資を求める**株式会社**の制度が広まっていった。株式会社では個人の財産とは切り離された経営がなされるので、社長は次々と交代しても会社は何世代にも渡り受け継がれていく。さて、困った。こうした時代の課す難問を指摘して見せたスラッファの論文は、マーシャ

ルの経済学を絶対と教えられていたケンブリッジの若い経済学者たちに勇気を与える。そうした若手の議論の集大成がロビンソンの著作『不完全競争の経済学』として現われたと言っていいのである。

　これと全く時期を同じくして，しかも，マーシャルの経済学からの脱却という文脈とは切り離されたところで，1人の経済学者によってロビンソンのそれと同じ研究が進められていた。その経済学者はアメリカのチェンバレンである。彼は，大学院時代の研究に鉄道の費用にかかわる問題を選んだこともあって，実際の企業で費用と価格の決定がどのように行なわれているかの理論的研究に進んでいった。そして，明らかな独占の他に，一見企業数の多いように見える産業でも，企業は生産量の変化が価格に影響することを心配していることに気付いたのである。これは，それまでの経済学が想定してきた競争的な市場では起こり得ないことである。また，アメリカ独特の大企業中心の産業構造から来ることなのだが，独占禁止法のおかげで1社の支配は見られないにしても，少数の巨大企業が産業を牛耳っている例は基幹産業ではむしろ一般的なように見えた。数社による支配を**寡占**と言うが，チェンバレンの目にはこれも理論的に解決すべき緊急の問題と映ったのだ。まず，彼がやったことは，これまであった競争的な市場の理論を使ってアメリカの現実を説明することであった。その場合，企業の数は十分に多いという前提は残される。その上で，1つ1つの企業は何か小さな「独占」状況にあるように振舞うと考えるわけである。チェンバレンは，これは現実の経済で言う**製品差別化**に当たると考える。製品差別化とは，会社名やパッケージ，コマーシャルなどで中身が同じ製品を他社とは区別されるものとして売り込むことだ。これは，大衆消費社会のはしりであった当時のアメリカではすでに見られた戦略だったのである。製品差別化がうまくいけば，その企業は自分の顧客に対しては「独占」企業として振舞うことができるわけだ。同じ石鹸でも，その名前で売られているのはコマーシャルでおなじみのその会社しかないのだから。チェンバレンの著書『独占的競争の理論』は，こうして期せずして，ロビンソンの本と同じ年，1933年に出版された。

金額

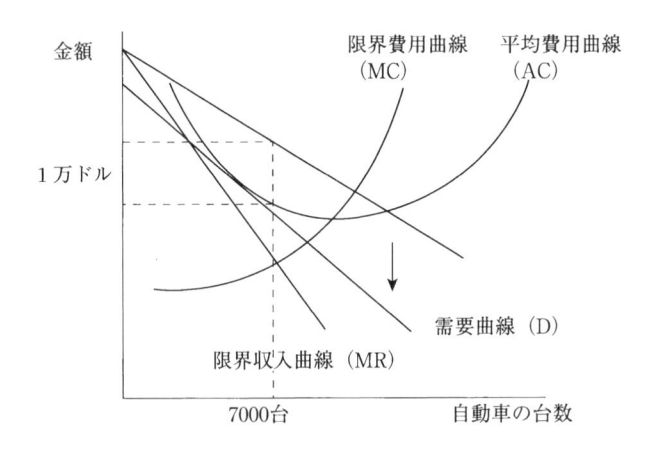

限界費用曲線（MC）　平均費用曲線（AC）

1万ドル

需要曲線（D）

限界収入曲線（MR）

7000台　　自動車の台数

　不完全競争，ないし，**独占的競争**について詳しく見るためには，その元になった完全競争の分析枠組みを知ることが必要である。上の図は，ある1つの企業の生産量と費用，価格，需要などの関係を示したもので，マーシャルの議論を厳密に検討する過程で多くの経済学者たちによって開発されたものである。この例ではある自動車メーカーの場合が取り上げられている。横軸には自動車の台数が計られていて，これで生産台数や需要台数を表す。縦軸には金額がドル単位で計ってあり，車1台あたりの限界費用や平均費用，そして，**需要価格**などを表す。これ以降の説明を通じて費用の条件は技術的に決まっていて変化しないので，まず，限界費用を結んだ曲線，平均費用を結んだ曲線から見よう。図には2本の曲線が描かれている。1本は右上がりの曲線だが，これは現在の製造台数の状態から1台作り足すときにその1台にどれだけ費用がかかるかを表すもので，**限界費用曲線**と呼ばれている。場合によっては常に右上がりでなく最初は右下がりになる想定もされるが，ここではずっと右上がりということにしておく。もう1本アルファベットのUの字型の曲線が描かれている。これは，とにかく生産にトータルでかかった総費用を生産台数で割った平均の費用を表すもので，**平均費用曲線**と呼ばれている。トータルな費用は，機械や建物の減価償却費や支払利子などの，生産台数に関わりなく一定額かかる費用と自動車1台1台の生産にかかってくる

費用の合計との和である。平均費用はトータルな費用を生産台数で割ったものだが，金額が固定された費用部分については生産台数が増加するにつれてどんどん小さくなっていくのに対し，限界費用の部分については生産台数で割った値もどんどん大きくなっていく。固定された費用部分の低下は最初の金額からの反比例的な低下に過ぎないので，どこかで限界費用部分の増加に追い越される。これが，平均費用が最初下がってその後上がっていく理由なのである。

　ここで，注意していただきたいのは2本の曲線の位置関係である。平均費用曲線のUの字の底のところを，ちょうど限界費用曲線が上に突き抜けている。これはたまたまそのように描いたのではなく必ずそうなるのである。平均費用が生産台数とともにだんだん下がってきて，逆に上がってくる限界費用と等しくなったとする。ここで平均費用が限界費用と等しくなっていることからも分かるように，この段階では固定的な費用部分の影響はもう十分に小さくなっており，これ以降は逆転されて限界費用増加の影響の方が強く出ることになる。つまり，ここから先の平均費用曲線は右上がりになるのである。しかし，限界費用の増大の影響はすでに生産された自動車にも割り振られるので，平均費用曲線の上がり方は限界費用曲線より小さいはずだ。なお，その点では，限界費用の合計を台数で割ったものと固定的な経費を台数で割ったものの合計が限界費用に等しくなっているのだったから，平均費用を引き下げる**固定費用**の力とそれを引き上げる限界費用の力とがつりあっていることになる。だから，固定費用の力が勝っているその点の左では右下がり，限界費用の力が勝っているその点の右側では右上がりになるのだ，と説明してもいいだろう。

　完全競争の理論では，この2本の曲線だけを前提にし，市場で与えられた価格に限界費用が等しくなるところに，このメーカーの自動車の生産台数が決まると説明している。ある台数のときの平均費用曲線の高さが1台あたりの費用を表すので，生産台数を横の長さ，価格＝限界費用と平均費用の差を縦の長さとする長方形の面積がこのメーカーの**利潤**を表わすことになる。こ

れ以上生産しても，はたまた，これ以下でも，長方形の面積は小さくなるから，このメーカーは生産量を変化させる気持ちを持たない。自動車産業のなかのどのメーカーも同じ技術を持っているとすれば，すべてのメーカーはまったく同じ図に直面しているのでどこが有利不利ということはなく，同じ台数を生産し続けることになるだろう。そして，今の説明からもお分かりのとおり，生産台数は必ず，限界費用曲線が平均費用曲線の上に来ている領域になるので，平均費用曲線が右上がり，つまり，1台あたりの費用が増大する状況下で各メーカーは生産しているということも言える。

　しかし，自動車産業のような製造業では1台あたりの費用が減少していくのが普通であったはずだ。これを理論的に説明するためには，消費者の需要によって各メーカーの生産台数が制約されている状況を考えなくてはならない。何だ，商売人が売れ行きに一喜一憂しているなどということは子供でも知っているじゃないか，とおっしゃるかも知れない。だが，さきほどの，各メーカーが生産をどこかで抑えるのは費用の制約だけによるのだという完全競争の仮定は，実は暗黙のうちに，市場で決まった価格で出すつもりなら，製品は作れば作っただけ売れる，と考えていることに等しいのである。通常，産業の規模，つまり，自動車に対する需要の大きさに比べて，各メーカーの規模は芥子粒のように小さいからだ，とこのことは説明される。ロビンソンやチェンバレンの議論は，企業の数は極めて多いという仮定はそのままで，完全競争にはなかった売れ行きの制約を新たに導入したということなのである。

　一番上の右下がりの曲線が売れ行きの制約を表わす需要曲線である。あれ，需要曲線ならマーシャルのところで出てきたけどあれと違うの，とお思いかもしれない。基本的に同じことだが，ここでの需要曲線は，同じ自動車でもそのメーカーの製品を贔屓にしている顧客だけの需要曲線である。この需要曲線の見方は，横軸から縦軸に見て，メーカーが市場に出す台数を増やせば増やすほど値は下がっていくとしても結構であるし，縦軸から横軸に見て，値を下げれば下げるほどたくさんの台数が売れるとしても結構だ。その下に

	1台	2台	3台
需要	15000	14000	13000
売上	15000	28000	39000
MR	15000	13000	11000

あって需要曲線のスタート地点から生えている直線は何だろうか。これは，**限界収入曲線**といって，需要曲線が直線の場合，いつも需要曲線の2倍の傾きを持っている。**限界収入**とは，台数を1台増やしたときに売り上げがいくら伸びるかということだが，これを結んだ曲線が図のようになることを，上の表の数値例で確認しておこう。表の数字は，販売台数が1台，2台，…と増えるときに1台の価格，価格×台数である売り上げ，そして，1台前の売り上げからの増加分である限界収入を示している。ご覧いただけば分かるように，需要価格が1000ドルずつ直線的に下がっていくとき，限界収入はその2倍の速度で2000ドルずつやはり直線的に減っていく。このような右下がりの需要曲線に直面したメーカーはどこに生産台数を決めるだろうか。結論から言えば，限界費用と限界収入が等しくなるところ，つまり，図で言うと7000台である。なぜなら，もし，限界収入より限界費用が高いなら，その差額だけそのメーカーは損をしていることになるので生産を1台減らすだろうし，その逆ならば，もう1台増産することで差額分だけ利潤を増やすことができるからだ。結局，さきほどの条件が成り立つところが利潤を最大にする点なのである。そして，そこでは生産台数の増加とともに1台あたりの費用が低下していく状況にあることも図から見て取れる。

実はここまでの議論は1社で産業を独占している場合とまったく同じである。もちろんそのとき，需要曲線は1メーカーのそれではなく産業全体のそれになる。不完全競争の議論が，あくまでも独占的競争であって独占とは異なるのはここから先だ。そのメーカーの顧客といっても，絶対にそのメーカーを裏切らないということはない。値段が安くなれば当然，別のメーカーに流れていくだろう。また，利潤が存在する限り，新しい自動車メーカーが設立

されることが考えられる。メーカー間のこうした競争の結果，徐々にこのメーカーの製品への需要も少なくなっていくだろう。図で言えば，需要曲線が矢印のように下へと下がっていくのである。自動車産業への参入はそこに利潤が存在する限り続くだろうから，とどのつまりは，需要曲線が平均費用曲線に接し，利潤，つまり，生産台数を横の長さとし，その台数での需要価格と平均費用との差を縦の長さとする長方形の面積がほとんど0になるのである。

　以上が不完全競争の理論的説明であるが，その説明には完全競争の枠組みがそのまま使われているためかなり無理があるような気もする。たとえば，ここでは各メーカーは自分の需要曲線と自分の費用だけを考慮しているが，現実によく見られる寡占の市場では，相手の出方を見たり，相手を出し抜いたりという駆け引きが重要だろう。不完全競争の理論では，この問題には手を出せない。ロビンソンは，前の章で見た**カルドア**とともに，自分の若いころの主張は捨て，ケインズの理論の可能性に賭けるようになっていく。他方，アメリカのチェンバレンは，自分の議論の延長線上に，寡占をも説明できる一般的な理論を構築しようと最後まで努力を続けた。しかし，彼の苦労は報われることはなかった。寡占の議論には，**ゲーム理論**という異なったアプローチが必要だったのである。

15

ケインズ革命の波紋

■ Keynes, *The General Theory of Employment, Interest and Money*『雇用・利子および貨幣の一般理論』1936 年

　今日，太陽が地球の周りを回っていると信じている人はいないだろうが，かつてそう信じられていたことはよく知られている。天動説と呼ばれるその考え方はあまりにも長く世の中を支配していたので，その見方から脱却するにはたいへんな苦労を要した。**コペルニクス**が，天動説に対する地動説を提起したとき，学者の間にもその考えに否定的な意見が多かったほどである。

　経済学の**限界革命**は，どちらかと言えば分析手法としての数学の導入を中心とするものであり，長い時間をかけて多くの人によって成し遂げられたことはすでにお話ししたとおりだ。しかし，この章でお話しする**ケインズ革命**は，その名のとおり**ケインズ**という傑出した経済学者を中心にして進められ，天動説から地動説への転換のようにはっきりとした構図の逆転を含んでいた。

　ケインズは多彩な活躍で知られている人だが，やはりそのホーム・グランドはケンブリッジ大学である。父親も同じくケンブリッジ大学の先生で，マーシャルの同僚であったためケインズも幼いころからこの大経済学者にかわいがられていたようである。そんな知的な雰囲気で育ったケインズは早熟な学生であったが，哲学や芸術，そして数学などに広く興味を持っていて，サークルの仲間と難しい議論に熱中する学生時代を過ごした。そのサークルから

は現代のイギリスを代表するような思想家，哲学者，そして芸術家がたくさん出ることになる。ただ，議論と文章書きに熱中しすぎたあまり，卒業時の試験ではライバルに首席を譲ってしまう。このため，希望していたイギリスの大蔵省に入省できなかったケインズは，イギリス領であったインドの行政を司るインド省に入った。そこでの仕事自体に興味を持てなかったケインズは，学生時代から続けていた確率の研究を論文にまとめ，ケンブリッジ大学の数学の先生になろうとする。しかし，最初その論文は資格審査に合格しなかった。2度目に提出したときは合格するのだが，そんなこんなで結局ケインズは，マーシャルの後押しでケンブリッジ大学の経済学の先生として働くことになる。インド省時代にインドの金融や貨幣の事情に関する論文をまとめていたからである。

　その後，彼は，大蔵省の諮問委員会の委員として，第1次世界大戦の賠償金の問題について話し合うベルサイユ講和会議に出席するということがあった。ドイツに多額の賠償金を課すことは戦後の国際経済を不安定にするという意見をケインズは主張したが，結局，大蔵省は耳を貸さなかった。憤慨したケインズは自分の主張と分析を小さな本にして出版する。戦間期の大恐慌を予言したこの本は大きな評判をとり，ケインズの名は一躍，当代の経済分析家として知られるようになった。ケインズはその後も政府や自由党の諮問委員として政策を提言する活動を続けた。そんな多忙な生活のなかで，学者としての成功をかけて書いたのが『貨幣論』という大きな書物であった。これはこれで出版後には評価されたのであるが，実はケインズ自身執筆の途中ですでに疑問を感じ始めていた。自分が政府の委員として取り組んでいる景気回復の問題と，『貨幣論』で書いている経済学に標準的な生産水準の決定についての考え方があまりにもかけ離れているように思ったからである。**投資**を呼ぶために**利子率**を下げることが景気回復に効果があることは知られていた。また，**失業**を減らすために公共事業を行なうことは，ケインズ自身，いち早く政策提言していたことである。それなのに『貨幣論』のなかでは生産水準は**完全雇用**の状態に常に決められ，貨幣の役割といえば**物価水準**を決め

ることだけであった。そして，景気循環の問題は物価変動の問題としてのみ取り上げられていたのである。

　このころまでに，有名なケインズの周りには若い経済学者たちや優秀な学生たちが集っていたので，ケインズは彼らとともに徹底した経済理論の見直し作業を行なった。この過程はケインズ自身によって，古い考えから脱却するための苦しい努力として振り返られている。その成果をまとめたのが，ケインズの主著であり，その後，20世紀の経済学の方向を決定づけた著作『雇用・利子および貨幣の一般理論』であった。この著作は大きな反響を巻き起こすことになる。本国イギリスでは賛否両論が戦わされたが，アメリカでは若い学者の間にも，若い政策担当者の間にも熱狂をもって迎えられた。現代経済学の歴史を代表する大経済学者サムエルソンも，その渦中にいた興奮を，ケインズ理論を南海の未開の部族を襲った熱病に喩えて，当時30歳代以下の人は皆感染したと書いている。

　その後，ケインズは，大学の財務担当者，証券会社の共同経営者としての仕事にも忙殺されつつも，『一般理論』をめぐる議論に精力的に参加していく。しかし，第2次世界大戦後の国際通貨制度を話し合う国際会議にイギリス代表として参加していたときに倒れ，1946年，別荘で静養中に急死した。持病のあった心臓が原因だと言われているが，今風に言えば過労死だろうか。ケインズは芸術のパトロン，科学史の貴重な文献のコレクターとしても知られている。そのための財産は株式投資の儲けで賄ったと言われている。ケインズが株式投資を始めたのは，ロシアのプリマドンナだった美しく，年の離れた奥さんに贅沢をさせるためだった，という話があるが，そっちの方はほとんど伝説だろう。

　ケインズの『一般理論』はたくさんの内容を凝縮して盛り込んでいる上に，難解な造語もいっぱい入っているので読むのが難しい著作である。それを簡明な図式で表わしたのは，主としてアメリカでケインズ革命を推進した学者たちであった。ここでは，ケインズの理論の中心となる**有効需要**の理論のエッセンスをよく伝えるものとして**45度線図形**をご説明しよう。アメリカでケイ

有効需要
(億ポンド)

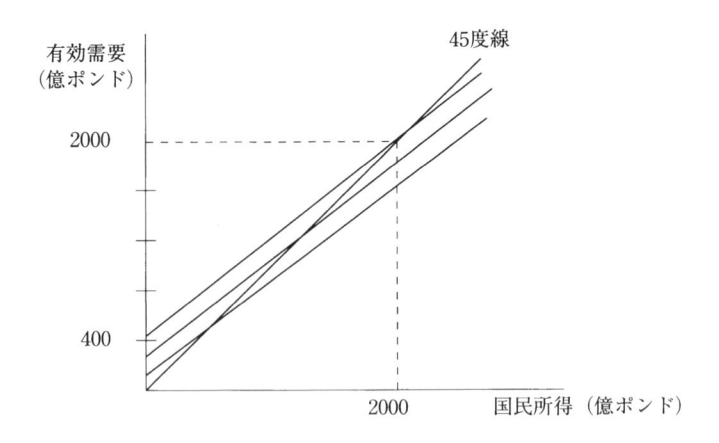

45度線

2000

400

2000　国民所得（億ポンド）

　ンズの理論を精力的に教育したのはハーバード大学の**ハンセン**であり，ずばり『ケインズ革命』という著作を発表したのは**クライン**だったが，45度線図形はクラインの本に現れる。

　上の図を見てもらいたい。図の横軸にも縦軸にも億ポンドの単位がふってあるが，横軸は**国民所得**，縦軸は有効需要を計っている。有効需要がそれと等しい額の国民所得を生み出すというのが，ケインズ理論のエッセンスである。国民所得とは1年間にその国民がどれだけの金額にあたる財やサービスを生産したかを表わすものである。国民所得を考えるときには原材料などとして他のものの生産にあてられた金額は差し引いてあるし，機械，工場などの資本がダメになった分を補填した金額も含まれていない。後のほうの金額を引いていない場合にそれは**国内総生産**（GDP）と呼ばれるが，統計の関係上こっちの方を耳にされることが多いかもしれない。だが，理論で厳密に1年間の純生産額と言うときは国民所得の方がいいわけである。

　ケインズが『一般理論』を発表するまで，国民所得の決まり方は次のように考えられていた。ある年，国内には決まった額の資本と決まった数の労働人口がある。資本や労働が余っていれば，すべて使われるように資本のレンタル料や賃金が下がって市場が調整されるはずだから，結局，国民所得は国内の資本や労働をフルに使ってできる水準に決まるはずである。国民所得が

決まれば，それは名前のとおり，従業員や経営者，地主や資本の持ち主など国民の所得としてすべて分配される。分配された国民所得は消費に使われるか，貯蓄されても銀行を経て投資に使われるので，すべてが財・サービスの購入に回る。なお，ここで投資とは機械を買ったり工場を建てたりすることを指している。こうして，ケインズ以前の経済学では，まず，資本の完全利用，および労働の完全雇用の水準に供給が決まって，それと同額の需要が生み出されるという説明になる。

これに対して，ケインズは需要が供給を決定するというまったく逆の因果関係を主張する。私がケインズ革命を天動説から地動説への転換に喩えた理由である。需要が大きければ，たくさんの資本や労働が使われて生産も大きくなる。好景気だ。逆に需要が小さければ，資本や労働が使われないまま残され生産は小さくなる。これが不景気に他ならない。不景気には工場や機械が休む資本の**遊休**や，働きたくても働けない失業が増えるのである。ケインズは，国民所得の水準が現実にどうやって決定されるかを説明できるのは自らの理論だけであると考えた。そして，それ以前の理論は，確かに頭のなかではそういうこともありうるものの現実にはそうならないという意味で，架空の需要しか問題にしていないとケインズは考える。ケインズが有効需要という言葉を使ったのは，自分の言う需要が現実にものを買う力を持った本当の需要であることを強調するためだったのだと考えられる。

ところで，有効需要の理論と同じ考え方は，ポーランドの経済学者で国連の職員であった**カレツキー**によっても独立に発見されていた。カレツキーはケインズの『一般理論』を読んだとき，これは自分の本でないかと感じ，最後まで読んでも全く自分の考え方と同じであることを知るとショックで寝込んでしまったという。やはり，ケインズ革命も突発的な事件というよりも，歴史の用意した必然だったと言えるのかもしれない。

ケインズの考えでは，国民所得は資本の完全利用や労働の完全雇用の水準とは関係なく，有効需要と国民所得とが一致するように決まる。図で言えば，横軸の目盛と縦軸の目盛が一致するのは原点から出発する45度線の上であ

る。しかし，いったい45度線上のどの1点が選ばれるのであろうか。それは国民所得がいくらのとき有効需要がいくらになるかを表わす直線が45度線と交わる点である。有効需要は外国との貿易を省略して考えれば，**消費**と**投資**，そして**政府支出**の和である。投資は企業の将来に向けた戦略によって，政府支出は政策的な判断によって決められるだろうから，国民所得がいくらかということとはとりあえず無関係である。しかし，消費はまさに国民所得によって，つまり懐具合がどうかで決まるだろう。所得が0でも人は食べなくてはならないから，図の45度線と交わる3本の直線のうち消費だけを表わす1番下の直線は縦軸上のある点から出発する。また，たとえば，この国民が，所得が増加したときにその増加分の8割を消費に当てるとすれば，消費からの有効需要を表わす直線の傾きは0.8になる。その理由は，直線上のどの点からでも国民所得が1億ポンド増えると消費は8千万ポンド増えることになるからである。1から0.8を引いた0.2は所得の増加分のうち貯蓄にまわす割合になる。

先に述べたように投資と政府支出は国民所得に関係なく与えられるので，それらを消費に加えると，消費を表わす直線はその金額分ずつ上に平行移動していく。その結果，最終的な45度線との交点は有効需要，国民所得がともに2000億ポンドのところになる。また，平行移動の結果，有効需要のスタート地点の目盛は400億ポンドになっている。これを，貯蓄を増やす割合0.2で割ってみてほしい。きちんと国民所得2000億ポンドが求められることがわかる。400億ポンドは所得が全くないときの消費と投資，政府支出の和だから，投資以外の2つの項目が0だとすれば，投資金額を国民が貯蓄を増やすで割るとすぐに国民所得を求められることになる。次章の説明に使う関係であるから，ぜひ覚えておいていただきたい。

ここまで来れば景気対策としてどんな政策をすればよいか自ずと明らかだろう。国民所得を増やし，資本の遊休や失業を減らすには投資か政府支出を大きくすればいいのである。政府が意図的に支出を増やすか，企業の投資を促すような施策をするか，いずれかをすればよいということだ。投資を大き

くするためには，貨幣の量を増やして利子率を下げ，民間企業の投資意欲を高めてやればいいということである。

　すでにこの章の説明からお分かりだろうが，ケインズは**一般均衡理論**のように1つ1つの市場の需要と供給の一致ではなく，1国の経済全体での総需要と総供給を問題にした。消費，投資などについても同じである。こういうことをした最大の理由は，不景気か好景気かを決定する1国の経済規模について，ありうべき供給と実際の需要との一致・不一致を問題にできるということを強調するためであった。しかし，その研究の背後には，数多くの経済学者や統計学者の努力によって，ちょうどケインズの時代までに国民経済統計が作られるようになったという事情があった。ケインズの経済学はこうした経済統計の整備に影響されると同時にこれを促進もしながら，20世紀を象徴する経済理論になっていったのである。

16

経済の成長と変動

■ Harrod, *Towards a Dynamics Economics*『動態経済学序説』1948年

　ケインズの経済学が各国の経済学者に大きな影響を与えたことはすでに述べた。経済学のなかで，この事件はケインズ革命と呼ばれている。ケインズの理論が徐々に人々に理解されるようになると，これに対する批判と共にその理論を補完する仕事も目立つようになってくる。その仕事なかでも1つの大きな方向が，ケインズの理論をより長い期間を扱えるものに拡張するということであった。ケインズは，経済学者は長期，長期と口にするが，先のことだけ考えているうちにみんな死んでしまったらどうする，と言って短期における理論の構築に終始した。短期とは，生産に使われる機械や工場など**資本**の額が変化しない短い期間のことである。その結果，ケインズ理論には特に次のような問題が生じた。それは**投資**についてである。投資には2つの顔がある。1つの顔は需要の方向を向き，もう1つの顔は供給の方向を向いている。投資は企業が新しい機械を買ったり新しい工場を建てたりすることだから，その年の**有効需要**の一部である。ケインズが見たのは投資のこの側面だけだった。しかし，新しく購入された機械や新築の工場は翌年以降の生産に使われ，経済に新しい**生産能力**を付け加えていく。ケインズの語らなかった投資のこの側面を見ることこそ，ケインズの経済学を長期化していくポイ

	今年	来年	再来年
投資	200	210	216.3
国民所得	1000	1050	1081.5
資本	2000	2200	2410
生産能力	1000	1100	1205

ントだったのである。

　この仕事はケインズの経済学のいわば自然な拡張であったから，イギリスとアメリカでほぼ同時に行なわれた。アメリカでこの仕事を行なったのは**ドマー**という経済学者であった。彼は有効需要に導かれる経済がバランスを保って成長を続けていく条件を導いた。これとは独立にまったく同じ条件を導いたイギリスの**ハロッド**は，そこにとどまらず，バランスが崩れた場合の経済の振舞い方から景気循環の理論を導こうとした。

　ハロッドはオックスフォード大学に学ぶ優秀な学生であった。もともとは哲学や文学に興味があったようである。彼の物事を深く考え，軽薄な結論に飛びつかない傾向はこうした若いころからの嗜好から来るものかもしれない。そんな彼がオックスフォードの講師時代に国内留学の機会を得てケンブリッジに行ったのは，経済学の歴史にとって幸運だったと言うべきだろう。ケインズはハロッドの才能に目をつけ，彼を近くにおいて勉強させる。ケインズの経済学に興味を持ったハロッドは，その理論の発展と拡張を自分の仕事として選ぶことになった。ただ，私が思うに，ハロッドは単純にケインズに心酔した他の弟子たちと異なり，常に独立の研究者としてケインズから距離をおいて冷静にその理論を見ていたようである。特に，利子率と貨幣の関係についての議論では最後まで譲らなかった。ハロッドはケインズの最初の伝記を著したことでも知られているが，客観的にケインズを見ていたことが伝記執筆にはかえってよかったのかもしれない。

　ハロッドの経済成長と景気変動の理論とはどのようなものだろうか。上の表の数値例を見てほしい。これは3年に渡って経済の変動の様子を追ったも

のである。表の上の行には各年の投資額とそれから導かれる**国民所得**が書かれている。前の章で見たように，所得が0のときの有効需要が投資だけであれば，それを国民所得の増加に対する貯蓄の増加割合で割ると国民所得が出てくる。この国では貯蓄の増加割合を0.2として計算してあるので，たとえば今年の投資200億ポンドを0.2で割れば国民所得1000億ポンドが出てくるのである。来年，再来年についても同じように確かめてみてほしい。一方，表の下の行は，その年にこの国にある資本の総額と，それから導かれる生産能力を示している。数値例では，この国の資本はその金額の半分の生産額を生み出す能力があると仮定しているので，たとえば今年の資本2000億ポンドを2で割れば生産能力1000億ポンドが出てくるのである。来年，再来年についても同様であることを確認してほしい。

　まず今年について表の上の行と下の行を比べると，生産能力1000億ポンドに対して国民所得1000億ポンドで両者が一致しているので，資本の**遊休**はない。さて，今年から来年にかけて，この国の企業は全体として投資を5％増加させる決断をしたとしよう。すると，表にあるように来年の投資は210億ポンドになり，割る0.2で国民所得は1050億ポンドになる。他方，来年の資本額は，今年の資本額2000億ポンドに今年の投資200億ポンドが付け加わるので2200億ポンドである。その結果，来年の生産能力は資本額の半分の1100億ポンドになることが分かる。ということは，来年は，生産能力1100億ポンドのうち使われるのは国民所得の1050億ポンド分であり，50億ポンドの生産能力が余る。これは資本額では2倍の100億ポンドが遊休することを意味するから，遊休の割合は100÷2200で約5％である。この結果を見た企業の経営者は，来年から再来年にかけては投資の伸び率を抑えてくるだろう。たとえば，それが5％から3％になったとしよう。先ほどと同じ順番で計算をしていくと，表のように再来年の生産能力1205億ポンドに対して国民所得は1081.5億ポンドで生産能力は1235億ポンド余ることになる。これは資本額に直せば247億ポンドだから，遊休の割合は247÷2410で約10％になっている。つまり，不景気のときに萎縮して投資の伸び率を落とすと，かえって不

景気が深刻になるということだ。しかし，1人1人の経営者にとって，売れ行きが悪いときに投資を控え気味にするのは当然の行動だから，誰もこれを止めることはできない。投資を 0.2 で割ると国民所得になる関係から，投資の伸び率はそのまま経済成長率ということだから，これは不景気がどんどん悪い方向へ悪い方向へと行くことを意味している。実は，投資の伸び率がある程度以上であると，逆の方向への変化が続いていき，景気の加熱という事態になることも確認できる。

　景気加熱も不景気の深化も起こらず，バランスのとれた成長が許される両者の境目の伸び率はどれくらいなのだろうか。これが 10% であることは，ぜひご自分で数値例を使って確認していただきたい。ハロッドはそうした伸び率を**保証成長率**と呼んだのだが，実はこの国について既に与えられている数字から簡単に求めることができる。それは，国民所得に対する貯蓄の増加割合 20% を資本額と生産能力との技術的関係を表わす数字 2 で割ることによって求められるのである。しかし，保証成長率 10% を実際の成長率が少しでも上回っていたり下回っていたりすると，経済はバランスのとれた軌道からどんどん外れていく。ハロッドはこの性質を「ナイフの刃」に喩えた。経済を保証成長率で成長させることは，曲芸で独楽に刀の刃の上を渡らせるように難しいということである。

　さらに，保証成長率で問題にしたのは資本の遊休のことだけだった。**失業**のことを考慮に入れると経済の安定的な成長はさらに難しくなる。労働人口の伸び率に等しい経済成長率を**自然成長率**と呼ぶが，今年失業がなくても経済成長率が自然成長率より低ければ来年，再来年，と失業は増大していく。逆の場合は人手不足が深刻化していくだろう。保証成長率と自然成長率がたまたま一致し，しかも現実の経済がそれらとドンピシャリ同じ率で成長していくのが至難の業であることは明らかだ。

　経済が本質的に不安定さを抱えているというハロッドの問題提起は，経済成長や景気循環に経済学者の関心を集めるとともに，それに代わる安定的な議論を求めさせるきっかけとなった。ケインズの経済学が 1 つの有力な流れ

として定着していくと同時に，ケインズが批判した従来の経済学の考え方も，かつて**マーシャル**に捧げられた**新古典派**の名を借りて，ケインズ理論とさまざまなかたちで関わる対抗理論として整備されることになっていったのである。

17

新古典派成長理論の帰結

■ Solow, "A Contribution to the Theory of Growth"「成長理論への寄与」1956年

　ハロッドの成長理論は多くの反響を呼んだ。その議論には，経済はハロッドが言うほどまでには不安定でないと考える経済学者も多く参加していた。彼らはケインズ以前からの経済学の道具建てを使って，成長の問題についてハロッドとは異なった見解を出そうとしたのである。そのなかの中心人物がアメリカのソローである。彼はユダヤ系のアメリカ人で，今なお成長や技術進歩の問題を中心に影響力のある研究を発表し続けている。

　彼の考えは，ケインズ以前からある市場均衡と生産について理論の自然な結果であり，**新古典派成長理論**と呼ばれている。ハロッドの理論で経済がたいへん不安定であったのは，現実の経済成長率が**資本**の完全利用を意味する**保証成長率**とも，**労働**の完全雇用の継続を意味する**自然成長率**とも異なっているのが普通であると考えるからであった。しかも，幸運にも，保証成長率か自然成長率のどちらかで現実の経済が成長したとしても，2つの基準となる成長率は異なっているのが普通だから，いずれにしてもアンバランスの発生は免れない。しかし，と，ソローは考えた。経済成長の問題を扱うときにはケインズの考え方を止め，やはり労働の市場，資本の市場で価格のメカニズムがうまく働いて均衡が達成されると考えたらどうだろうか。そうすれば，

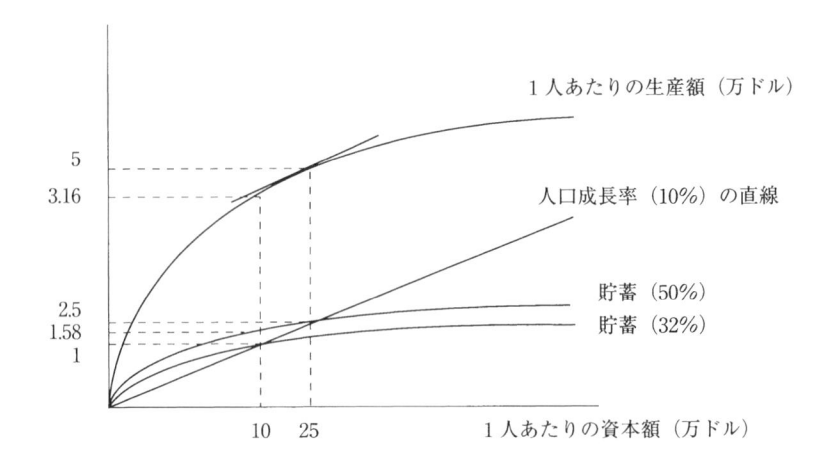

```
                                    1人あたりの生産額（万ドル）
   5
3.16                                人口成長率（10%）の直線

                                    貯蓄（50%）
   2.5                              貯蓄（32%）
1.58
   1
         10  25                     1人あたりの資本額（万ドル）
```

労働も資本もうまく雇い主を見つけるのではないだろうか。これは，**生産要素**である資本と労働の両方の市場で供給がすべて吸収されるということだから，生産に使われる労働と資本が自由に組み合わせ方を変えられるという伝統的な考え方に依拠することを意味している。さらに，ソローは自然成長率と保証成長率の食い違いという問題についても，保証成長率が自然成長率に自動的に近づいていくことを示す。こうして，どんな国の経済も，やがては，その国民全体としての**貯蓄率**が決める1人あたりの所得と1人あたりの資本額とを一定に保ったまま，自然成長率と同じ率でズーッと成長していくという結論が導かれるのである。何か人工的な感じのする結論とお思いかもしれないが，ある国の経済で100年間の変化の方向を考えるときなど，さまざまなアンバランスを調整できるほど長い期間で見れば妥当な議論と見なすことができる。

　実際にソローの理論を見てみよう。上の図にはちょっと複雑な線が何本か描かれている。縦軸の目盛はちょっと措いておいて，横軸に計られているのはこの国の1人あたりの資本額である。具体的には1人の国民が生産で受け持つ機械の価値額と考えられるだろう。図には，1人あたりの資本額が大きくなるにつれてだんだん上に上がっていく山なりの曲線が描かれている。そ

う，一番上にある曲線である。これは国民1人あたりの生産額を表わす曲線である。受け持つ機械が多くなればなるほど1人の生産するものも増えていくが，曲線が山なりになっているのは，機械が増えたほどには生産は増えないからである。ここでは，そのようなかたちの曲線のなかで一番簡単なものとして，横軸の数値の平方根を結ぶ曲線を考えた。たとえば，2乗して25になる数は5だから，横軸の25に対応させて縦軸には5がとってある。その曲線の下の方にも同じようなかたちの曲線が2本描いてある。最初は，そのうち1番下の方だけを見てほしい。これらはそれぞれの資本額での貯蓄額を結んだ直線であり，1番下の曲線は貯蓄率32％に対応している。さきほどの曲線の高さは1人あたりの生産額，したがって，1人あたりの所得を表わすので，今の曲線はそれを0.32の倍率で下に縮めたものである。この曲線を横切って右上がりの直線が引かれている。これは人口成長率10％を傾きに持つ直線である。貯蓄を表わす曲線と今の直線の交点が横軸目盛10に対して0.1倍の1になっていることで傾きを確認できよう。以上の準備をすると，この国がやがては今の交点に対応する状態でズーッと成長することが言えるのである。この安定した成長では，1人あたりが受け持つ資本額はズーッと10万ドルのままである。そして，この資本を使い1年間働いて1人あたりが得る所得はズーッと3.16万ドルのままだ。国民は，3.16万ドルの所得のうち32％にあたる1万ドルを貯蓄する。その1万ドルは銀行を経て投資され，今年より10％だけ増えた分の人口が受け持つ資本を準備する。こうして経済は10％だけ，つまり，人口が増えた分だけ成長することになる。毎年毎年このような10％ずつの拡大が続いていくのである。

　しかしながら，1人あたりの資本額は元々いくらのところから始まるか分からない。どこから出発しても，自動的に今説明した安定した成長の状態に行き着くのだろうか。これを数値例で確認しよう。次の表をご覧いただきたい。表には，最初の国民1人あたりの資本額として，5万ドル，10万ドル，15万ドル，と3つの例が示してある。それぞれから出発して，1年後の1人あたり資本額がどうなるかを見るのである。順番に計算してみよう。まず，

今年 100 万人			来年 110 万人	
資本額／人	生産額／人	貯蓄額／人	資本総額	資本額／人
5	2.24	0.72	572 億	5.2
10	3.16	1	1100 億	10
15	3.87	1.24	1624 億	14.8

5万ドルのとき，1人あたりの生産額は平方根をとって2.24万ドルである。この32%にあたる0.72万ドルが1人あたりの貯蓄だが，今年の人口を100万人とすると，貯蓄，すなわち，投資を加えた来年のこの国の資本総額は572億ドルということになるだろう。人口は10%ずつ増えるので，これを来年の人口110万人で割れば，来年の1人あたりの資本額は5.2万ドルになる。今年の5万ドルに比べて，わずかに，図で見た10万ドルに近づいていることが分かる。同じようにして，最初の1人あたり資本額が元から10万ドルであれば，そのままずっと10万ドルを維持することが分かる。そして，資本総額もやはり人口と同じく10%で成長することが確認できる。すでに図を使って述べたことが数字でも証明されたのである。最後の15万ドルの場合は，ゴール地点の10万ドルより大きい値からのスタートだが，きちんとゴールに向かって小さくなっていくことが分かる。こうして，どんな状態から始まっても，必ず，貯蓄率の曲線と人口成長率の直線との交点が示す状態に，経済は落ち着いていくのである。

けれども，ここまでの説明をお聞きになってこんな疑問が浮かばないだろうか。はたして，その最終的な落ち着き先は，この国民にとって1番望ましい状態なのだろうか，と。今の例では1人1人の国民は毎年毎年3.16万ドルになる所得のうち1万ドルを貯蓄するわけだから，消費は残りの2.16万ドルである。図で言えば，この消費は，貯蓄の曲線と人口成長率の直線の交点から真っ直ぐ上に生産額の曲線までの距離で表わさる。その国の貯蓄率が変われば，いろいろな貯蓄率に対応していろいろな貯蓄の曲線が引けるので，それぞれの場合の消費額は，人口成長率の直線と生産額の曲線との垂直方向の乖離幅で表される。そう思って図をよく見てみると，この国が今ある状態よ

りも，もうちょっと右に行った方が幅は広いようだ。実は1番幅が広くなるのは，生産額の曲線のその点での傾きと人口成長率の直線の傾きが等しくなるところである。ここの例では1人あたり資本額が25万ドルのところがそれにあたり，そのときの1人あたり生産額は5万ドルになる。横軸25に対応する人口成長率の直線の高さは2.5だから，このときの貯蓄率は50%でなくてはならない。この貯蓄率に移動すれば，この国民は落ち着き先での毎年の消費を可能な最大の大きさに持っていける。**フェルプス**という経済学者は，この状態を**新古典派の黄金律**が成り立っている状態と呼んだ。この上はないという感じである。

　だが，最後にもう1度図をよく見てほしい。この国民は今，1人あたりの資本額が10万ドルのところにいる。ここで貯蓄率を32%から50%に切り替えると貯蓄額は1万ドルから1.58万ドルに跳ね上がるだろう。明らかに今年の消費は減るのである。今年だけではない。その後，この国民は新しい落ち着き先まで50%の貯蓄率に対応する貯蓄の曲線を通ってゆっくり移動していくので，消費の落ち込みは何年かに渡って続くのである。ここから先は，もはやそれぞれの国民がどう判断するかの問題になる。遠い将来の幸福のためにあくせく働き貯金をすることを厭わない国民は移動を選ぶだろう。逆に，今日の幸福を何より大事だと考える国民は移動しない方が幸せなのである。さしずめ，日本人は高度成長期に前者の選択をしたということになろうか。

18

計量経済学と産業連関分析

- Klein, *Economic Fluctuations in the United States 1921-1941*『アメリカの経済変動』1950年
- Leontief, *The Structure of American Economy 1919-1929: An Empirical Application of Equilibrium Analysis*『アメリカ経済の構造』1941年

　ケインズの経済学が今世紀初めからの国民経済統計の整備に促されて発展し，逆にその整備を促す役割を果たしたことはすでにお話しした。いずれにしても，20世紀の経済学は，単に経済現象の本質を理論的に分析するにとどまらず，数値データでもって理論を検証したり，理論に基づく判断で経済をうまく運営したりすることを目標にしてきたのである。この章でお話しするのは，数値データと理論とをどう関係づけたらいいかについて研究した多くの経済学者のうち，2人の人物の業績である。

　アメリカの**クライン**はマサチューセッツ工科大学などで学んだのち，若い優秀な統計学者，経済学者として，コールズ研究所という，出版社を経営する同名のお金持ちが作った私設の研究所に迎えられた。コールズ研究所は，まさに，経済学のデータによる実証をどのように行ない，現実の経済をどのように分析し予測するか，その手法を開発することを目的としていた。そこには歴史に名を残す数多くの逸材が集い，1940年代からの10年たらずの間にほとんどの基礎的な理論を作り上げてしまう。そこでの研究を元にした，経済データの処理の仕方からなる体系は現在，**計量経済学（エコノメトリクス）**の名で呼ばれている。ケインズの理論を元にした統計的モデルはヨーロッ

パですでにいくつか作られていたが，今につながる本格的なモデルを作って成功を収めたのはクラインが最初である。彼が発表したアメリカ経済の分析は，たった8本の式でその歴史的な動きを見事に説明していた。彼のノーベル賞受賞はこのころの仕事が選考理由になっている。クラインは理論面でも，アメリカでのケインズ理論の普及に努めた。そして，現在までペンシルバニア大学で教鞭を執っている。私がお目にかかった際も，穏和な笑顔と誠実な語り口がたいへん印象的な紳士であった。

ロシアに生まれアメリカで活躍した**レオンチェフ**は，少年のころ革命を体験したが，経済学者としてベルリン大学で研究をしていたとき，思うところあってアメリカに亡命した。アメリカで彼を暖かく受け入れ励ましたのは**シュンペーター**という経済学者であった。シュンペーターは若くして天才の名をほしいままにした，オーストリア学派の伝統を受け継ぐ人物であった。その後，ナチスの支配を嫌ってアメリカに移り，ハーバード大学で若い学者たちの指導にあたっていた。彼は教育者としてたいへん優れた人物で，彼のゼミはさまざまな経済学上の主張に渡って幅広く人材を輩出している。ケインズ革命の波のなかで従来の経済学の伝統が失われていくのに我慢ならなかったのだろうか，シュンペーターはケインズの理論を全く評価しなかった。そんな彼にとって，レオンチェフの研究は**一般均衡理論**を実際のデータを扱えるように練り直したものとも考えることができた。同じ亡命者であることに加え，シュンペーターがレオンチェフを庇護したのにはそんな理由もあったように思う。レオンチェフの開発した手法はその国の経済全体の動きを対象にしたマクロ的な統計と並んで，産業間の複雑な絡み合いを把握する手段としてなくてはならないものになっていく。レオンチェフのノーベル賞受賞理由もまた，**産業連関分析**，ないし，投入産出分析と呼ばれるこの手法の開発という業績であった。レオンチェフはニューヨーク大学の先生として長く勤めたが，近年亡くなっている。

計量経済学の手法の全体像を，一気にご理解いただくのは容易なことではない。ここでは，**消費**と**国民所得**との関係をデータに基づいて探り出す過程

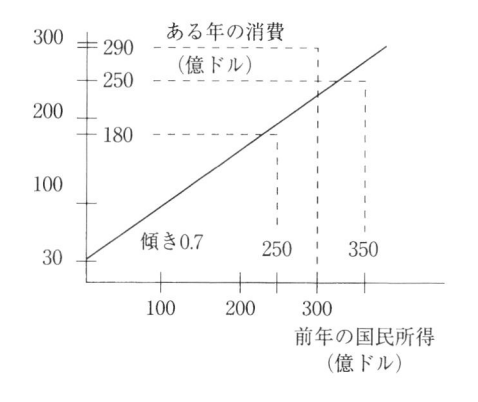

	ある年の消費	
300 — 290	(億ドル)	
250		
200 — 180		
100		
30 傾き0.7	250	350
100	200	300
		前年の国民所得 (億ドル)

投入＼産出	農業	工業
農業	150	240
工業	250	900
付加価値	100	360
生産額	500	1500
0.3	0.16	投入係数
0.5	0.6	

を簡単に説明して，計量経済学の雰囲気を掴んでいただきたいと思う。消費と国民所得の関係はケインズの有効需要の理論を説明してきたときに出てきたものである。国民所得，つまり，給料が多くなれば，その分だけ消費も多くなるという関係のことだ。しかし，有効需要の理論を説明したときには，それがまさにいろいろな国の事例に一般的に当てはまる理論であるために，架空の数値例で説明したのであった。計量経済学で消費と国民所得の関係を扱う目的は，その理論的で一般的な関係を，ある特定の国のデータに当てはまる具体的な関係に直すことにある。上の左側の図をご覧いただこう。

縦軸にはある年の消費額が，横軸にはその前の年の国民所得が計られている。データの数は多い方がいいのだが，ここではたった3年分のデータを元に，この国の消費と国民所得との間に成り立つ関係を推定することにしよう。3年分のデータは図の上で3つの点で表わされる。それは，国民所得300億ドルに消費290億ドル，国民所得250億ドルに消費180億ドル，国民所得350億ドルに消費250億ドルという3点である。3点をジーッと見ていると何となく右上がりの直線上に並んでいるように見えないだろうか。しかし，よく見るとこの3点を結ぶ直線は存在しない。これを何とか1本の直線で表わされる簡単な関係として説明できないか，というのが計量経済学の発想である。そのための手段として考えられるのは，3点の間を縫うように，こんな感じかなとラフな直線を引いてしまうことであろう。計量経済学はまさにそれを

するのである。図には既に右上がりの直線が引いてある。この直線は3つのデータの間をほぼ均等に貫いているように見える。ちなみにこの直線は縦軸の30億ドルの点からスタートする傾き0.7の直線になっている。

　この直線を求めるときには次のようなやり方をする。まず，適当な直線を考え，その直線とデータを表わす各点との垂直方向の距離を測る。そして，その3つの距離を2乗して合計するのである。なぜ2乗するかと言えば，データを表わす点は直線の上下に散らばっているのでそのまま足すとほとんど0になってしまい，直線の候補どうしを比較することができないからだ。3点の間を縫う直線は無数にあるだろうが，そのなかで選ばれるのは先ほど述べた垂直方向の距離の2乗の和を最も小さくする直線である。その直線は，知られているデータを一番よく代表する直線と言っていい。このやり方を**最小2乗法**という。名前の由来は説明するまでもないだろう。計量経済学ではデータの持つさまざまな性質に応じて，今見た単純な最小2乗法の他にもいろいろな最小2乗法を使い分けている。

　こうして，実際のデータからこの国の消費と国民所得との関係が推定された。この国では最小限の消費30億ドルに加えて，所得の増加の7割を消費にまわすのである。この関係が明らかになったことで，今年の国民所得が400億ドルであれば，来年の消費額を，30＋400×0.7の計算から310億ドルと予測することもできる。今見たのはこの国の消費と国民所得の関係だけだったが，他の多くの種類の経済データ間に成り立つ関係も考え，一気に経済全体の関係を推定してしまえば，この国の経済の行く末全体を予測することも可能であろう。こうして，計量経済学は，経済学を現実の問題に直接応用する有力な手段として盛んに用いられるようになったのである。現在，経済が複雑さを増すなかで，計量経済学に寄せるかつての情熱は冷めてしまっているようだ。コンピュータの発展で大量のデータを使った複雑な関係の推定が可能となっていながら，現実の経済が激しく揺れ動いていて安定的な関係が摘出できないからである。そのなかで，経済の理論を前提にしない新しいタイプの計量経済学を追究する動きも現われたりした。しかし，今の私たちに可能な

のは，どうやら，計量経済学の限界を認識しながらそれを使って経済の分析を地道に行なうことだけのようである。

　次にレオンチェフの産業連関分析について見よう。実際の産業はその分類の仕方によってはいくらでも細かく分けることができる。ここでは，説明を簡単にするために，この国の経済は農業と工業というたった2つの産業だけから成り立っていると考えることにしよう。それを縦と横に並べたのがレオンチェフの**産業連関表**である。右の表がそれに当たる。ちょうど総当たり戦の星取り表のような形をしている。実際の産業連関表では，縦横に何十から100を超えるような産業分類が並ぶことは言うまでもない。この表の見方だが，縦に眺めると表は各産業の**投入**の関係を表わしている。たとえば，農業の列を縦に見てみよう。まず，農業と農業が交わるところに150という数字が入っているが，これは農産物が農業の原材料となる金額を表している。トウモロコシが牛の飼料になったりすることで，単位は億ドルだ。次の工業と交わるところには250の数字が入っている。これは，農薬やビニールハウスのビニールなど，工業製品が農業の原材料になる金額で，単位はやはり億ドルである。最後の**付加価値**とは何だろうか。これは農業従事者の人件費と農業経営者の利潤とを合計したもので，今年の農業生産を通じて新たに作り出された価値額を表わしている。これらを全部足し合わせると今年1年間の農業生産額500億ドルが出るわけだ。工業の列も全く同じに考えられる。

　次にこの表を横に見てみよう。たとえば，農業の行は，農産物がどこにどれだけ使われたかという**産出**の関係を表している。農業と農業が交わるところの数字150は，農産物のうちのそれだけの金額が農業の原材料として使われたという意味である。これは先ほどの投入の関係でも確認されていた。次に，工業と交わるところの数字が240になっているが，農産物のうち240億ドル分が工業の原材料になったということである。食品産業や繊維産業でよく見られるだろう。ところで，確かこの年の農業生産額は500億ドルであったことを思い出してほしい。500から150と240を引くと110残るが，この110億ドルはどこに行ってしまったのだろうか。表には書いていないが，この

分は私たちが家で食べる野菜や小麦に当たる分で**最終需要**と呼ばれている。これらの関係は工業の行でも全く同じである。

　ある年の産業の絡み合いを一目瞭然にする産業連関表を作ったこと自体，レオンチェフの業績なのだが，この分析手法の威力はこれにとどまらない。この表から導かれる関係を使って，さまざまな詳細な予測が可能になるのである。そのための準備として農業の列の 150 と 250 を農業生産額 500 で，工業の列の 240 と 900 を工業生産額 1500 で割った新たな表を作っておく。これは**投入係数表**と呼ばれるもので，農産物 1 ドルのなかで農業から来ているのは 0.3 ドル，工業から来ているのは 0.5 ドル，工業製品 1 ドルのなかで農業から来ているのは 0.16 ドル，工業から来ているのは 0.6 ドルという技術的な関係を表している。産業連関表が与えられれば，それから必ず投入係数表が作れるわけだが，産業連関表を作るのはたいへんなのでどの国でも数年に 1 度ずつしか作られない。そこで，その数年の間は投入係数表に変化がないものとして分析が行なわれる。たとえば，この国の政府が公共事業で工業製品を新たに 10 億ドルだけ購入した効果を予測してみよう。農業の生産額の増加を□，工業の生産額の増加を△とすると，次の式の関係が成り立つことはお分かりだろうか。まず，□＝□×0.3＋△×0.16，そして，△＝□×0.5＋△×0.6＋10 である。最初の式の意味は，農業生産額の増加□は，農業自身からの注文の増加□×0.3 と工業からの注文の増加△×0.16 との和だということである。次の式の意味は，工業生産額の増加△は，農業からの注文の増加□×0.5 と工業からの注文の増加△×0.6，そして，政府からの最終需要の増加 10 との合計だということである。この 2 つの式に当てはまる□と△を求めると，□は 8，△は 35 になる。公共事業の金額は工業に対して 10 億ドルだけであるにも関わらず，産業間の絡み合いは農業にも 8 億ドル，巡り巡って工業には 35 億ドルの生産増加の効果を生むのである。

　最初に見たように，計量経済学はマクロ統計とともにケインズの経済学の現実への応用という意味を持って生まれ，産業連関分析はケインズの理論に反感を持っていたシュンペーターの庇護を受けたレオンチェフによって開発

された。このような生い立ちを持つ 2 つの理論が，現在は**国際収支表**とトリオで各国の国民経済統計にとって不可欠の要素として共存しているのは，歴史の皮肉と言うべきだろうか。

19

ゲーム理論の誕生と発展

■ von Neumann & Morgenstern, *The Theory of Games and Economic Behavior*『ゲーム理論と経済行動』1944 年

　学問の歴史には，やはり天才と呼ぶしかない人はいるもので，この章でご紹介する**フォン・ノイマン**もそうだと言っていいだろう。彼の天才ぶりを表わす逸話には事欠かないが，父親が，客に適当に選ばせた電話帳のページのどんな電話番号も，幼いフォン・ノイマンが即座に記憶し暗唱するのを見て悦に入ったというのもそんな伝説の 1 つである。彼の父親はハンガリーで銀行家として成功し，お金で貴族の家格を買った人で，フォン・ノイマンが終生名前に貴族の称号であるフォンを付けることにこだわったのも，そんな父親への思いからかもしれない。彼は大学で数学を専攻したが，その優秀さは群を抜いていたようで，すでに 20 代で 1 人前の数学者として論文の発表を行なっている。その論文こそ**ゲーム理論**の誕生を告げる最初の論文だったのだが，しばらくの間，その業績は当のフォン・ノイマンにすら忘れられることになる。それが再び日の目を見て，現在に至るゲーム理論として発展していくきっかけは，もう 1 人の経済学者モルゲンシュテルンによって与えられた。モルゲンシュテルンは**オーストリア学派**の流れを汲む経済学者で，長いこと，他人の行動を予測して自分の行動を決める問題とか，そのような複雑な予測の絡み合いを前提にしても一般均衡がきちんと成り立つかという問題につい

て, あーでもないこーでもないと考えていた。そんな彼が, ある研究会でフォン・ノイマンの発表を聞き, 興味をもってそのあとのお茶を共にしたのが2人の結び付きの始まりであった。そのときまでにフォン・ノイマンは, 一般均衡の存在を独特の不等式体系を使って証明するという業績を成し遂げていた。しかし, 彼はこの仕事に純粋に数学的興味から取り組んでいたようで, レベルから言っても当時の一般の経済学者の理解を超えていた。何しろ, 同じ問題が経済学の大きなテーマとして研究されるのは, 次の章で見るように1950年代になってからのことだったのだから。モルゲンシュテルンにとってもこのことは衝撃であったようで, ヒックスの『価値と資本』の書評で, はるかに進んだ業績としてフォン・ノイマンのこの仕事をあげている。そんな, フォン・ノイマンとモルゲンシュテルンとの出会いは, まさに経済学の新しい可能性を開くものとなった。ドイツとオーストリアでのナチスの台頭を避けて, モルゲンシュテルンとフォン・ノイマンはアメリカに渡るが, そこで落ち合った2人はまさに寝食を忘れてゲーム理論の研究に没頭する。モルゲンシュテルンは高度な数学を使った理論をフォン・ノイマンに何度も質問を繰り返しながら理解しようとし, フォン・ノイマンはモルゲンシュテルンの指摘によってゲーム理論の持つ大きな可能性を自覚していった。まさにゲーム理論はこの2人の学者の共同作業として作り上げられていったのであり, 研究成果が1944年に共著のかたちで『ゲーム理論と経済行動』として出版されたとき, それはほとんど孤高の業績であったのである。2人があまりにゲーム理論の研究にのめり込むのを見て, アメリカに同行したフォン・ノイマンの2人目の妻は, 「ゲーム理論の研究が始まると, 家に象でも入ってこない限りやめないんだから」と愚痴をこぼしたそうだ。そのせいで, 『ゲーム理論と経済行動』の64ページにある図には象の隠し絵が入っている。

　ゲーム理論の研究の傍ら, フォン・ノイマンはアメリカで原爆を開発するマンハッタン計画が始まるとそれを熱心に指導した。ユダヤ系の彼にとって原爆は憎いナチスをやっつけるための武器だったからかもしれない。フォン・ノイマンには量子力学の分野でも業績があったので資格も十分だった。

しかも，彼は原爆開発に必要な大量の計算をさせるために新しい計算機の原理を開発してしまう。何と，現在使われているすべてのコンピュータはこのプログラム内蔵型という原理で作られているのである。フォン・ノイマンの天才ぶりは本当に驚きだ。戦後，フォン・ノイマンは原爆開発での業績から，アメリカの原子力開発委員会の委員長に任命されている。フォン・ノイマンは名声に包まれながら，54歳の若さでなくなった。彼は大のパーティー好きであったから，毎夜のお酒の飲み過ぎがよくなかったのかもしれない。モルゲンシュテルンは天寿を全うし，多くの示唆的な文章を残したが，その後のゲーム理論の発展方向には疑問を持っていたようである。しかし，ゲーム理論は開発者の思惑をも超えて，今や経済学の研究になくてはならない道具として，さまざまな形に発展している。

　ゲーム理論という名前を見て，これを勉強すれば何かゲームの必勝法がわかるのではと考えるのは間違いだ。ちょっと逆説的に言うと，必勝法があるようなゲームはゲーム理論で扱うゲームではない。ゲーム理論で扱うゲームとは，共にたいへん賢く合理的な2人が，互いに相手の手の内を読み合って自分にとって一番損が少ないような落としどころをさがす，そんな状況を言っている。普通の人がそこまで賢いかどうかは別として，そんな駆け引きは世の中のあらゆるところに見られるだろう。たとえば，恋の駆け引きでも，自分の若いころを振り返ってみれば分かるように，けっこう打算的に動くものではないだろうか。合理的な判断を前提にせず，自分に不利な行動をしてしまった者が結局時間が経てば淘汰されていくと考えれば，ゲーム理論を動物の世界での進化になぞらえることもできる。そのように解釈されたゲーム理論は**進化ゲーム**と呼ばれて盛んに研究されている。そんな，ゲーム理論の現在の膨大な広がりをこの章だけで見ることは不可能だ。そこで，ここでは**囚人のジレンマ**と呼ばれる有名な1つのゲームを取り上げてゲーム理論の豊かな世界を垣間見ることにしよう。

　今2つの企業，AとBがあって互いに市場のシェアをめぐって争っているとしよう。自分が製品の値段を下げればお客を奪うことができるが，相手が

企業A \ 企業B	値下げ	値上げ
値下げ	100, 100	200, 0
値上げ	0, 200	150, 150

どう動くかによって値下げによる**利得**は変わってくる。また，自分が何もしなくても相手が値上げをしてくれれば自分のほうに客は移ってくるだろう。今，企業A，企業Bには値上げ，値下げという2つの選択が与えられている。この選択肢のことをゲーム理論では**戦略**と呼んでいる。2×2で戦略の組み合わせには4種類あり，それぞれの結果で2つの企業の利得が決まることになる。上の表のマス目には2つずつ数字の組み合わせが書かれているが，それぞれ，企業Aの利得と企業Bの利得である。これら戦略の組み合わせのうち，そのゲームで選ばれる組み合わせを**ゲームの解**と呼ぶ。さて，このゲームの解はどうなるだろう。

　まず，自分が企業Aの経営者だと思ってもらいたい。相手企業Bがもし値下げをするとしたら，自社としては値下げをしたほうが有利だろうか，値上げをしたほうが有利だろうか。自社も値下げをすると利得は100になるが，値上げをすると客をすべて相手に奪われ利得は0になる。あなたは絶対値下げを選ぶはずだ。選ばれたA社値下げ・B社値下げのマスにある企業Aの利得に○を付けておこう。次に，相手企業Bが値上げをするときはどうだろう。自社の利得は，値下げをすれば200，値上げをすれば150だから，やはり値下げの戦略が選ばれる。選ばれたA社値下げ・B社値上げのマスにある企業Aの利得にも○を付けよう。同じく，今度は自分が企業Bの経営者になったと想像して，今度は選ばれるマス目の自社の利得に△を付けてみてほしい。結果はどうなっただろうか。○と△の両方が付くのはA社値下げ・B社値下げのマスのはずだ。このゲームではこれが解になる。両社とも相手がこの結果を予測していることを知っているので，互いに相手がこの解を目指してくるはずだと考える。このとき，自分もその解が示す戦略を選んだ方が有

利なのだ。

　しかしながら，表をもう一度よく見てもらいたい。ゲームの解が示す利得は両社とも100である。ところが，ゲームの解に選ばれなかったA社値上げ・B社値上げのマスはともに150の利得を示しているではないか。だいぶ前の章で説明したように，経済学では，他のだれかを不利にすることなしに自分の利益を高くすることができないという意味で社会的に最もよい状態を**パレート最適**と呼ぶのであった。実は，このゲームの例ではパレート最適なのはA社値上げ・B社値上げの場合の方である。しかし，互いに相手と競うあまり，パレート最適の判断からすればより劣っているA社値下げ・B社値下げの方が選ばれているのである。このような困った事態を生むゲームをジレンマ・ゲームと呼んでいる。囚人のジレンマ・ゲームはかつて，だれの得にもならないのにアメリカとソ連が核兵器をかざし合いながら睨み合った冷戦の状況をよく示すものとして一世を風靡した。だが，身の回りは，下手な意地の張り合いで互いに嫌な思いをしていることや，お互いに本当は嫌なのだけれど付き合いでしなくてはならないことも多くある。どれも囚人のジレンマだ。この囚人のジレンマ・ゲームの解は，どんなゲームの解にも共通な，ある特徴を持っている。それは，相手が戦略を変えてこない限り，互いに少しでも動くと損をする状態にあることである。だから，お互いに動かない**均衡**になっている。ゲームの解が一般にこんな性質を持ち，どんなゲームにも解が1つは存在することを証明したのは，**ナッシュ**という若い優れた研究者であった。そのため，競争的状況でのゲームの解は**ナッシュ均衡**の名称で呼ばれている。私がよく使う喩えは夫婦関係である。奥さんに何の相談もなしに，ある日突然亭主関白に戦略替えをしても，その悲惨な結果は予測できるだろう。ナッシュはその後，精神病を発症して妄想に悩まされるようになり，研究を続けられなくなるという不幸に見舞われた。しかし，近年，他の2人のゲーム理論研究者と共にノーベル賞を受賞している。そこに至る苦悩の歩みはハリウッドで映画化された。

　では，ナッシュ均衡として求められた囚人のジレンマ状況を脱出する方法

はないのだろうか。2つの企業が競争関係にある以上，打つ手はない。もし，2社がパレート最適な点に移動しようとするなら，方法は協力することだ。しかも，口約束はいけない。相手が寝返ったら自分は大損害だからだ。そのとき逆に相手は大きな利得を手にするので，寝返りの危険性は大いにある。結果，協力の約束は絶対的な拘束力を持つものでなくてはならないということになる。実は，フォン・ノイマンとモルゲンシュテルンが主に精力的に研究したのはこの2者が協力する状況下でのゲームであった。彼らはどのような協力の約束をしたときにどのような解が選ばれるか，そして協力の結果得られる利得の分け方は解の選択にどう影響するかを詳細に研究した。しかし，その後のゲーム理論の発展は2人の意図に反して，2者が競争し合うゲームの一般化に移っていったのである。

　なお，囚人のジレンマ状況を避けるために協力を維持するには，約束に拘束力を持たせる他にもう1つ方法がある。それは，同様のゲームが何度も繰り返されると想定することだ。この本の例で扱った企業間の競争では，2社の商売が1回で終わるわけではないのだから，今年相手を裏切って得しても来年以降どうなるかを互いに考えることだろう。その結果，相手が臍を曲げて2度と協力に応じなくなることを恐れて協力関係が続くかもしれない。また，後の章で見るように，経済関係に情報の問題を取り入れて理論を作るのは，現在の経済学の大きな流れだが，互いに，または，片方だけが状況をよく理解していなければ結果はさまざまに変わってくるだろう。さらに，相手が状況を知っている，知らないということを，互いに知っているかどうかで駆け引きの手の内も変わってくる。このように，時間の問題，情報の問題を取り入れてゲーム理論の研究範囲は今なお広がっているのである。

　結局，ゲーム理論のそれまでの経済学になかった新しさは何なのだろうか。それは，それまでの経済学の枠組みを作っていた**一般均衡理論**が，個人個人を価格のシグナルだけで間接的に結び付いたバラバラの存在と見ていたのに対し，ゲーム理論が個人個人の間の壁に窓を開け，互いの顔色を伺いながら行動する存在として描いたことにあるだろう。この考え方は，決してスマー

トではない，生々しい経済社会の現実を描く突破口を開いたのである。喩えて言うならば，一般均衡理論が信号機のある交通量の多い交差点での車の動きを分析するのに対し，ゲーム理論は信号機がないため，互いの動きを慎重に見定めながら通過する，住宅街の四つ角での車の動きを分析しているということになろうか。

20

一般均衡の安定条件と存在証明

■ Debreu, *Theory of Value: An Axiomatic Analysis of Economic Equilibrium*『価値の理論』
1959年

　戦後しばらくの間，先進各国の経済は高度成長を続け，あたかも市場経済とそれを裏打ちする経済学とがわが世の春を謳歌しているようであった。そのような状況下，経済学の高度な研究はますます進んでいったのである。そこでの大きな傾向の1つは，経済学に高度な数学手法がどんどん取り入れられていったことであった。1950年代まで，こうした数学的研究は，現在の経済学全体の枠組みでもある**一般均衡理論**に集中して見られた。その焦点になった問題は2つあり，1つは一般均衡が安定であるための条件は何かということ，2つ目はそもそも一般均衡の存在はどうやって証明されるのかということだったのである。

　実は両方の問題とも，一般均衡理論を開発した**ワルラス**が，素朴ながらもそれなりに答を追求していた問題であった。**安定条件**とは，一般均衡からちょっと離れたとき，きちんと元に戻るためにはそれぞれの財の需要と供給の間にどのような性質がなくてはならないかということを意味している。それについて，ワルラスはすでに本書で見たように，市場の仲買人というフィクションを設けた上で，その市場で需要が多ければ価格を上げ供給が多ければ価格を下げるという方向で調整が行なわれると考えていた。しかし，ある

市場の調整は他の市場の不均衡を拡大するかもしれない。たくさんの市場の調整が同時に行なわれるとき，一般均衡が安定であるかどうかは未解決の問題として残されていたのである。また，一般均衡の**存在証明**については，ワルラスはかなり深刻に考えた。しかし，彼の数学能力と当時の数学の水準とを反映して，その結論は，各市場の需要と供給の一致を表わす方程式とその方程式の解である各財の価格の数とが一致するから一般均衡は存在する，という素朴なものであった。だが，これではマイナスの価格や虚数の価格など経済の世界ではありえない答が出てきても文句は言えないだろう。たくさんの財すべてについて，きちんとプラスで実数の価格を保証する一般均衡でなくてはならないのである。

　実際には一般均衡の存在証明の問題は，ワルラス以後長く忘れ去られていた。市場経済がとりあえず破綻なく営まれている以上，一般均衡は存在するはずだと信じられていたのであろう。このため，1930 年代以降，経済学の数学化が進み始めたときも，当初，多くの経済学者の関心を集めたのは安定条件の議論の方であった。すでにご紹介した**ヒックス**の『価値と資本』は，一般均衡の安定条件を初めて本格的に扱った業績である。彼の議論は大きな反響を呼んだが，すぐに，それが扱っているのが価格の高い低いによって供給を需要がどれだけ上回るかの問題だけであることが明らかになる。需給のズレがはたして価格を一般均衡の方へ押しやるかどうかは考慮に入れられていなかったのである。『価値と資本』の出版の翌年，新進気鋭の経済学者**サムエルソン**は価格の調整までをきちんと考慮した安定条件を正しく提起した。こうして，安定条件の問題はひとまず決着したのだが，この条件だけでは，一般均衡から価格が大きくズレたときに経済が均衡へと戻ってくるかどうかは明らかではなかったのである。この問題は，実は，一般均衡の存在証明の問題と密接に結び付いていたのであった。

　1950 年代に経済学の主要テーマとして盛んに研究された存在証明の問題は，すでにちょっと触れたように，実は**フォン・ノイマン**たちによって 1930 年代に基本的に解決されていた。1950 年代の業績は，これをより一般的な条

件の下で成り立つように拡張することだったのである。ただ，すでに述べたように，当初，経済学者たちは存在証明の重要さに気付いていなかったし，フォン・ノイマンの研究がオーストリアの研究施設でひっそりと行なわれたこともあって，その内容について知ることのできた経済学者は一握りしかなかったのである。解の存在証明の問題が重要であることを経済学者に知らしめたのは，何と言っても，前章で述べた**ナッシュ均衡**の存在証明である。実は，ゲームの解の存在証明と一般均衡の存在証明はまったく同じ形をしている。その意味では，**ゲーム理論**の成果を一般均衡理論が援用したのがその存在証明だったと言っていいのである。存在証明の問題には多くの経済学者が取り組んだが，その中でも**アロー**と**ドブリュー**の名を落とすことはできない。ドブリューはこの時代の研究成果をまとめて，1959年に『価値の理論』を出版するが，この著作は一般均衡理論全体を1つの数学であるかのように扱っており，約束ごとであるいくつかの公理から証明によって導く点で徹底した試みであった。この分野では，日本人でも**二階堂副包**(ふくかね)が先駆的な業績をあげたし，私の恩師である**根岸隆**は大学院生時代，一般均衡が1つだけであるための条件について大きな仕事をされている。また，そもそも，ナッシュ均衡にしても一般均衡にしても，その存在証明には**不動点定理**という数学の定理を使うのだが，これの重大な拡張は，若いころフォン・ノイマンとともに仕事をされ，現在もアメリカで活躍されている**角谷静夫**(かくたに)によって成し遂げられている。

　そろそろ，具体的に一般均衡の安定条件，存在証明について見ることにしよう。と言っても，たくさんの財があるもともとの理論についてご説明するには長い長い準備の説明が必要になるので，ここでは最も単純な，財が2種類の場合について説明し，そこから議論の雰囲気を感じ取っていただきたいと思う。

　この章の図として，もう見慣れてこられたであろう**エッジワース・ボックス**が描いてある。O_1を原点に持つ個人AとO_2を原点に持つ個人Bとが，最初2人が持っているパンと服の数量で決まる**初期保有点**から出発し，**契約曲線**

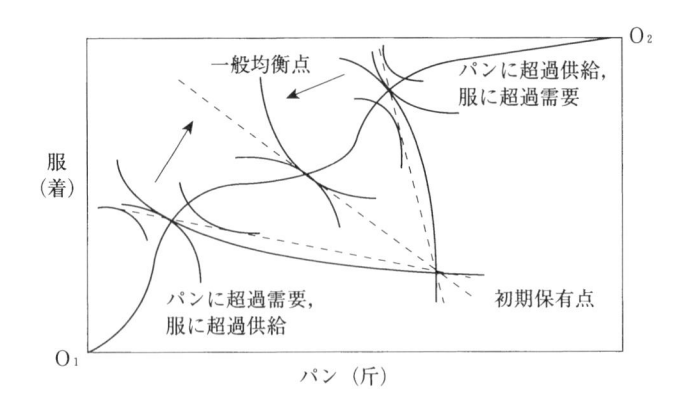

のうち初期保有点を通る**無差別曲線**で囲まれた領域のどこかに交換の結果，移動していく。前に行なった，価格による調整を考えない説明では交換の結果がその範囲のなかのどこに決まるか分からなかったが，ここでは価格による調整を介して，交換の結果が**一般均衡点**として定まることになる。上の図には3本の点線が引かれているが，これらは初期保有点からの2人の移動の経路を表わすとともに，それぞれがこの経済の価格の状態を表している。点線の傾きはパンの価格と服の価格の比を表すが，これは，初期保有点から交換で真左にパン2斤分動き真上に服1着分動くとすれば，パンの価格と服の価格が1対2になっているはずであることからご理解いただけるだろう。このことから，点線の傾きが急になることはパンが高くなることを，傾きが緩やかになることは服が高くなることを意味することが分かる。

　まず，両極端の状況を考えてみよう。図の1番左下を通る点線で価格が与えられていたら何が起こるだろうか。点線が決まれば，各個人は，その点線上ならば懐具合の計算上は，自由に移動できることになる。当然，個人Aも個人Bもその点線上で自分の効用を最も高くする点への移動を希望するだろう。個人Aなら契約曲線より少し右にある，彼の無差別曲線と点線が接する点である。同様に個人Bであれば契約曲線より少し左の接点を選ぶだろう。つまり，この価格では2人の思惑は一致せず，希望する交換後の点が重ならないのである。具体的には，この価格では，最初パンをたくさん持っていた

個人Aの選ぶ点より，持っているパンの少なかった個人Bの選ぶ点が左にあるので，個人Aが手放したいパンの数より個人Bが手に入れたいパンの数が多いことになる。これはパンに**超過需要**があるということだ。一方，服で見れば，最初服をたくさん持っていた個人Bの選ぶ点が，持っている服の少なかった個人Aの選ぶ点より上にあるので，個人Bが手放したい服の数が，個人Aが手に入れたい服の数より多いことになる。これは服に**超過供給**があるということである。超過需要のあるパンの価格は徐々に上がり，超過供給のある服の価格が徐々に下がる価格調整を考えれば，矢印のようにだんだん点線の傾きは急になっていく。逆の極端を見てみよう。価格が図の右上を通る点線で与えられているとき，先ほどと同様に2人は自分の無差別曲線と点線の接点を選ぶ。この結果，その価格ではパンに超過供給，服に超過需要が存在することになる。そして，価格は点線の傾きが緩やかになるように徐々に調整されていく。もし，二つの極端の中間に一般均衡の価格が1つだけ存在するとすれば，この図で表わされる経済の一般均衡は安定である。

　それでは，はたして，一般均衡は存在するのであろうか。先ほど見た両極端では超過需要と超過供給はパンと服とでちょうど反対になっていた。価格の変化とともにそれぞれの超過需要と超過供給が徐々に変化していくとすれば，両極端の中間に必ず超過需要も超過供給もなくなる価格が存在するはずである。ただ，2財の価格が連続して変化しているのに超過需要と超過供給の値が突然飛んでしまうようなことがあると一般均衡が存在しない可能性がある。だから，一般均衡の存在を支えるのは，超過需要および超過供給の変化の**連続性**なのである。また，今の説明で既にお気づきかもしれないが，両極端の間にいくつかの一般均衡点があっても構わない。ただ，その場合，一般均衡点は必ず奇数個で，約半数は不安定な均衡点であることも分かる。

　1950年代の研究の最終的な成果として，一般均衡が1つだけ存在し，したがって，どんな不均衡状態から始めても必ず唯一の一般均衡に行き着くためには，たくさんの財が互いに，他の財の価格が高くなったときに需要が増える関係になくてはならないことがわかっている。これらは一見現実離れした

迂遠な研究のように見えるかもしれないが，経済学が自らの足元を固めるためには必要な作業だったと言えるだろう。

21

社会厚生関数と一般可能性定理

■ Arrow, *Social Choice and Individual Values*『社会的選択と個人的評価』1951 年

　ピグーによって始められた**厚生経済学**は，ロビンズの批判を受け，カルドアやヒックスによって**新厚生経済学**として新たな1歩を踏み出したことはすでにお話しした。しかし，**効用の個人間比較**を禁欲するという選択は厳密な論理を重んじる立場からのものとは言え，社会のみんなの幸せを考えるときに実に不自由な制約とも考えられたのであった。それに，経済学の自己抑制とは無関係に，戦後の経済の繁栄を背景に，先進国は多かれ少なかれ社会保障制度を国民のために準備し，所得の再配分を制度化していった。こうした現実を踏まえて，効用の個人間比較に頼ることなく，国民みんなの合意した約束ごととして，国民個人個人の豊か，貧乏という状況と社会の厚生とを関係づけることができるのではないかという提案がなされたのであった。この提案は，最初，バーグソンという経済学者が行ない，その後，彼の知人だったサムエルソンによって世に広められた。この考えを**社会厚生関数**と呼ぶ。その意味は，たとえば，国民個人個人に行き渡る所得が不平等な状況よりも，ある程度は平等な状況の方が国民全体の厚生の水準は高い，というように国民のいろいろな経済状況を望ましい順に順番づける約束ごとを作ってはどうかということである。そうすれば，その関数に基づいて政府は所得の再分配

の是非を判断することができる。このような社会厚生関数は，文化や歴史的背景に由来する価値観次第というところがあるので，国民ごとに違うのは当然だが，とりあえずそんな約束が成り立ちうるということを前提して話を先に進めようと言うのである。

　ところが，この議論に冷水を浴びせるような研究が，若い，駆け出しの研究者によって発表されたのである。その研究者の名は**アロー**である。彼はルーマニアからの移民であった両親の下，アメリカに生まれた。彼の父親は大恐慌の混乱のなかで破産し，ちょうどアローが大学に入学するころ一家は貧困のなかにいた。彼は，素晴らしいことに市民であれば学費無料であったニューヨーク市立大学に入学し，統計学を勉強することになる。卒業後，アローは，本当は高校の先生になりたかったようだが，厳しい不景気下，就職はままならなかった。結局，彼はコロンビア大学の大学院で研究を続けた後，研究所，大学の仕事を転々とする。そして，30歳でコロンビア大学に提出した博士論文が問題の業績だったのである。最初，その論文は証明の難解さが仇となってよく理解されなかったが，その中味が明らかとなるにつれて，経済学にとどまらず，社会科学系の学問に大きなショックが走った。その研究は，個人個人の判断をまとめ上げて，みんなの納得できる決定を社会的に下すための完璧なやり方が存在しない，ということを証明していたからである。名付けてアローの**一般可能性定理**と言う。これは，アメリカという国を支える民主主義が，そもそも不可能であるという結論を示唆しているかのようであった。そこで，みんな躍起になって証明の間違いを探そうとしたのであるが，その論理はそれこそ完璧なものだったのである。アローという名前は一般均衡の存在証明の功労者として前章にも出てきた。そちらの研究は，実はこの業績の後に行なわれたものである。彼が一般可能性定理のような恐ろしく破壊的な定理を発表したこと，そして，それでいながら建設的な業績として，一般均衡の存在を証明したことを指して，アローは古代神話の神ヤヌスのように2つの顔を持っているという人がいる。しかし，私はちょっと違った感想を持っている。彼は世間の目を気にせず，必要と思われる研究を，ただ論理だ

個人	個人の順位	個人	個人の順位
1	$x>y>z$	1	$x>z>y$
2	$y>z>x$	2	$z>y>x$

けに忠実に着々と進めてきたということではないだろうか。その証拠に，彼の業績は次章で見るような不確実性の分析など，経済学のもっと広い分野に渡っているし，今なお着実にその活動範囲を広げているからである。

アローの一般可能性定理はさきほどの社会厚生関数が存在しない可能性をも示唆するものであった。なぜなら，社会の経済状態についての個人個人の評価をまとめ上げて約束ごとを組み立てるには，何らかの民主的な手続きが必要と思われるからである。そんな重大な内容を持つ一般可能性定理だが，本書ではその難しい証明に立ち入ることは避け，例を上げてその結論を直観的に把握していただくことを選んだ。上に表が2つ書いてあるが，共に，この社会を構成している個人1と個人2の，考えられる3つの社会状態 x，y，z についての個人的評価を表わしたものである。具体的な方がよいという向きは，たとえば，それぞれ，火力発電，水力発電，原子力発電を当てはめて考えてみてもらいたい。

まず，左の表を見てほしい。個人1は x，y，z の順番に自分にとって望ましいと考えている。また，個人2は y，z，x の順番に自分にとって望ましいと思っている。それでは社会全体として，状態 x，y，z にどんな評価を与えるべきだろうか。普通，私たちはこんなとき，**多数決**をとってみればいいではないかと考える。実際やってみよう。まず，x と y で多数決をとると1対1で同点になる。次に，y と z で多数決をとると2対0で y が選ばれる。最後に，z と x で多数決をとると1対1でこれまた同点である。これらの結果を総合すれば，社会全体としての評価が求められそうだ。まず，x と y はまったく同じ評価だった。次に y と z では y が上であった。と言うことは，x と z でも x のほうが上のはずである。そして，最後の結果は。あれ？おかしなことに z と x は同じ評価になっている。辻褄が合わないのである。

多数決という日常よく使われる集計方法はこのような矛盾に陥る可能性があるのである。

　それなら，各人が点数をつけて3つ一気に評価してしまうというのはどうだろう。このやり方は発案者の名をとって**ボルダルール**と呼ばれている。個人1と個人2がそれぞれ，好ましい順に2点，1点，0点の点数をつけることにしよう。すると結果は，xが2点，yが3点，zが1点になるので，社会全体の評価はy，x，zの順番ですんなり決まってしまった。うまくいったように思うが……。あれ？　2人とも気が変わったと言っている。困ったものだが，まあ，しようがない。2人の新しい順番を右の表で見てみよう。個人1も個人2もyとzの順番が前と逆になっている。先ほどの喩えでは，以前は2人とも原子力発電より水力発電を好んでいたが，水力発電がダム建設で環境破壊につながること，原子力発電は二酸化炭素を出さず地球温暖化に寄与しないことが知られ，世論が変化したのである。変化の前後を比較した場合，個人1がyよりもzよりもxがいいと言っていること，個人2がyよりもzよりもxがいやだと言っていることに変わりはない。彼らのためにもう1度採点してあげよう。すると，個人の新しい順番で採点するとxが2点，yが1点，zが3点だから，社会全体としての順番はz，x，yとなる。確かに，zとyの順番は逆で，これは予想されたことと言えよう。しかし，個人の順番を動かしていないはずのxとyやxとzの順番まで逆になっていることがお分かりだろうか。つまり，ボルダルールは，個人の順番がちょっと変わるだけで，誰も評価を動かしていないはずの，他の社会状態の順番まで変わってしまうという点で，不安定な集計手段なのである。

　他に何か民主的な意見の集約方法を考えることができるだろうか。これでアローが言おうとしたことの恐ろしさはお分かりいただけたと思う。実は，アローの証明は完璧な集約方法を求めるとき，それは個人1と個人2のうちどちらかの順番付けにもう1人が全面的に従うことによってしか達成されないという結論になっている。**独裁制**である。合理性の極みとしての独裁者の登場というストーリーには，ナチス台頭の歴史を思い出させるものがあって

ドキッとさせられないだろうか。

　それでは，アローの一般可能性定理によって，私たちは民主的にみんなの意見をまとめていくことをあきらめなくてはならなくなったのだろうか。そうではない。アローのメッセージは，みんなが自分の価値観だけに閉じこもって他人との対話や交流を避ける限り，社会がまとまっていくことは難しいということなのである。私たちには話し合いという手段が残されている。話し合いによって最初は違う意見を対立が少ない方向にまとめていくことも可能であろう。また，他人の状況に同情し，多少の犠牲なら彼のために払ってもよいと考えるかもしれない。私たちの社会はそうした行為によっても結び付いているのである。

22

不確実性と情報の経済分析

■ Arrow, *Essays in the Theory of Risk-Bearing*『危険負担理論に関する論文集』1970 年

　世の中の経済活動をめぐる環境が複雑になるにつれて，不確実な将来をどうやって予測し，自分の行動を決めるかが重要になってくる。なぜなら，まだ商売の仕方がのどかだったころは，状況に応じて自分の行動をそれほど細かく考えなくても致命的な損失を被ることはなかったのに対し，今やちょっとした判断のミスが生死を分ける時代になっているからだ。今日の経済人はこの不確実な将来に立ち向かうための武器として正確な情報を得ることに血眼になっているのである。

　こうした現実に対応して経済学でも近年，**不確実性**と**情報**の問題が最も重要な研究分野の1つになっている。しかし，実はそれらを分析する道具立ての歴史は古く，近年はその道具立てをあらゆる分野に応用するようになっただけのことかも知れない。

　すでに古典派の時代にも，**アダム・スミス**が職業ごとの不確実性の違いが所得の格差を生み出すことを言及しているし，若いころ確率について深く思索を巡らしていた**ケインズ**も，不確実性が経済に対して持つ本質的な意味を生涯強調し続けた。また，ケインズと同時代のアメリカの経済学者**ナイト**は，不確実性のうち，確率で推し量れるものを**危険（リスク）**，数字で計ったりで

きないものを本当の不確実性(アンサートゥンティ)と呼んで区別していた。だが,現在,経済学者の多くの考えでは,まあ,どんな不確実性も確率で表わしてもいいだろうということになっている。中にはイギリスの経済学者シャックルのように,ケインズの考えを徹底した**驚き(サプライズ)**という概念を打ち出して,終生,主流派の不確実性解釈に反対した学者もいたのだが。

　現在もなお,不確実性を考えるときの基礎的な研究が,効用理論と矛盾のないかたちでこれを公理化する方向で続いている。その根っこにある基本的な考え方は,**ゲーム理論を誕生させたフォン・ノイマンとモルゲンシュテル**ンの『ゲーム理論と経済行動』のなかで初めてまとめられた。それは**期待効用**という言葉で表わされるものである。この考え方はもともと,あらゆるゲームに解があることを示すために,何割かはこの戦略,残りの何割かはあの戦略という具合に,いくつかの戦略を組み合わせたら利得がいくらになるかを計算する目的で考えられた。後にこれは一般の場合に拡張され,経済学で不確実性を考えるための基本の理論になる。たとえば,くじを買うかどうかを判断するときに,当たりが1等と2等しかなくて,賞金1万円の1等が10本中1本,賞金5千円の2等が10本中2本だったら,1万円の10分の1足す5千円の5分の1で2千円になる期待値というものを考えるはずだ。期待効用も効用の期待値を基に行動を決定することだから,計算法はこれと全く同じである。

　次の図を見てもらいたい。ある1人の個人について描いた所得と効用との関係である。この人は今,どちらの仕事に就いたらいいか迷っている。片方の仕事は毎年きっかり6万ドルの給料がもらえる役所勤めである。もう片方の仕事は自分で商売をすることなのだが,ラッキーな年には所得が12万ドルになるが,アンラッキーな年には3万ドルの所得にとどまる。ラッキーな年は3年に1回,アンラッキーな年は3年に2回の頻度で巡ってくることも分かっているとしよう。この図は,横軸にこの人の所得を,縦軸にこの人の効用を計っている。だが,確か,効用は数字で計れないのではなかったか。そ

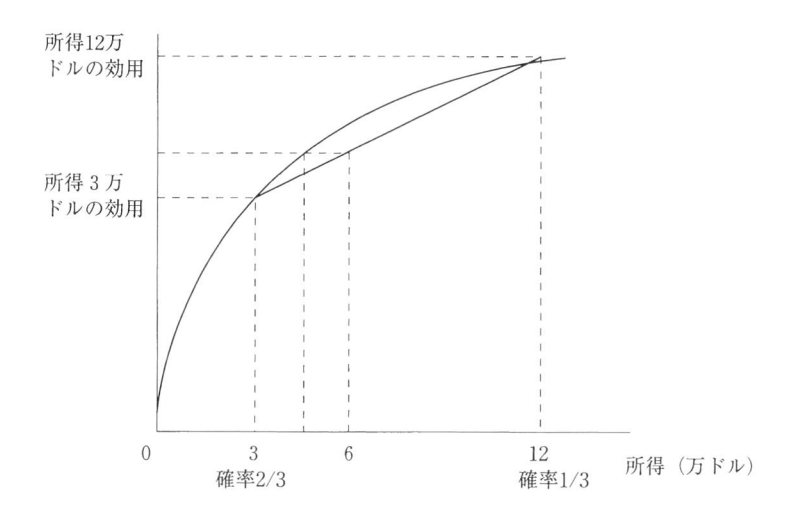

```
所得12万
ドルの効用

所得3万
ドルの効用


          0      3        6           12      所得（万ドル）
              確率2/3              確率1/3
```

れは今もそのとおりなのだが，効用呼ばれる精神的な満足感を，この満足を20とすればあの満足は35となんとなく表すことができると考える。つまり，原点と目盛を適当にとってやれば，とりあえずその場その場で効用を数字にすることはできるのである。この図は所得が0のとき，この人の効用が0になると仮定して描いてある。縦軸に目盛を振っていないのは，目盛のとり方はいくらでもあって特定できないからだ。ただ，図の曲線に示したように，所得が大きくなると効用も大きくなること，そして，所得が多くなってくると追加される所得から得られるありがたみは少なくなることは納得できるはずだ。

　さあ，ここまで準備して，この人の決断を推し量ることはできるだろうか。2つの仕事を所得の期待値で比べてみただけではダメだ。計算してみると，自営の商売の方も，期待値は役所勤めと同じ6万ドルになるからである。これは横軸の3万ドルと12万ドルの目盛の間を3分の1と3分の2に分ける点になることも図で確認しておいてもらいたい。この分け方は，それぞれの所得を得る確率とは左右逆になるので気を付ける必要がある。

　やはり，ここは経済学の教えどおり効用を考えるしかないであろう。図にも示したように，所得3万ドルのときの効用は横軸が3万ドルのときに曲線

が示す高さで，所得 12 万ドルのときの効用は横軸が 12 万ドルのときに曲線が示す高さで表される。では，所得が 3 万ドルになるか，12 万ドルになるかが不確実な場合の効用はどのくらいと表されるのであろうか。期待効用の考え方に従えば，これは 2 つの所得がもたらす効用の期待値になる。効用の期待値も先ほどの所得の期待値と一緒で，縦軸の 3 万ドルの効用と 12 万ドルの効用を結ぶ線を 3 分の 1 と 3 分の 2 に分ける点になるはずだ。図から分かるように，この効用は役所勤めをすれば確実に得られる 6 万ドルの所得の効用よりも低い。こうして，この人は役所勤めを選ぶという決断を下すことになる。

今の例では自営の仕事でラッキーな年とアンラッキーな年が巡ってくる確率は 3 分の 1 と 3 分の 2 であった。もし，この確率がいろいろに変わったらどうなるだろうか。それによって所得の期待値も効用の期待値も連続的に変化していくが，それぞれのケースで横軸と縦軸の期待値を表わす点を結んで行くと，図に描かれたような直線になることが分かる。この直線はどこをとっても効用の曲線の下にあるから，所得の期待値が同じである限り，たとえどんな確率であっても，この人は不確実な状況よりは確実な状況がいいと考えるのである。世の中，リスクを嫌う人が大半だから，この理論は私たちにもなるほどと肯けるものである。だが，今の判断が効用の曲線の形に依存していることもまた明らかだろう。想像してみていただきたいのだが，効用の曲線が図とは逆に上に仰け反っている人の場合，曲線上の 2 点を結ぶ直線は元の曲線よりも上に来るので，その人はリスクがある方がワクワクしてうれしい人である。また，もともと所得と効用の関係が右上がりの直線で表される人にとって，リスクがあろうとなかろうとどっちでもいいや，ということになるのである。さらに，詳細に曲線の曲がり具合を見れば，その人がどれだけリスクを嫌っているかを数値的な指標で表わすことができるであろう。効用の曲線と**リスク回避**の性格についてのこのように詳細な研究は，前章でご紹介したアローが 1960 年代に精力的に取り組み，1970 年代の初めに論文集として発表した。本当に多才な人である。

ここでは，情報のことについてあまり詳しい説明をしているゆとりはないが，ここで例に登場した人が自分の就職について的確な判断を下せたのは，ラッキーな年とアンラッキーな年の巡ってくる確率が情報として与えられていたからである。ここから，経済で情報がもたらすたいへんな価値について推測していただけることだろう。また，ゲーム理論で見たように2人の個人間で駆け引きをするような状況がある場合，2人の間で持っている情報の量が同じでなければ，情報量の豊富な人が相手の無知につけ込むということも起こる。なかには，相手に自分についての情報を知らせることでかえって相手を不利にできるケースがあるのも面白いところだ。また，相手についての情報をよく掴めない人が，思い通りの行動を相手に自ら進んでさせる仕組みを考える研究もされている。

　さらに，統計学の理論と経済学の考えを元に，不完全な情報からできるだけ正確な情報を引き出し，それを使って的確な判断をするための**意思決定論**という分野も独自の発展を遂げている。まさに，情報の問題は，現実の経済でも，そのための研究をする経済学でも，時代の中心的なテーマになってきたと言えるだろう。

23

新古典派総合の成立

■ Samuelson, *Economics: An Introductory Analysis*『経済学』1948 年

　戦後の高度経済は，先進国を中心とする経済学者の自信を深めるのに十分な前提であった。特に世界の経済の中心となったアメリカでは，細かな1つ1つの市場については民間の自由な経済行動に任せた上で，政府が完全雇用の実現と安定した経済成長の持続のために全体としての需要を管理していけば，すべてうまくいくと皆が思うようになっていた。こうして，**一般均衡理論の基礎の上に****ケインズ政策**の方法を身に付けた，後に**ケインジアン**と呼ばれる経済学者たちが，大統領のブレーンとして実際の政策運営にもタッチするようになっていったのである。アメリカでは，経済学が社会のなかのなくてはならない一部として確立されていったわけだ。これは，大量のエコノミストに対する社会からの需要が増大することを意味する。このニーズに応えるために，大学教育に経済学のきちんとしたカリキュラムが整備されていった。他の先進国もこの傾向を後追いしたことは言うまでもない。

　このアメリカで，経済学のチャンピオンとして八面六臂の活躍をしたのが**サムエルソン**であった。ドラッグストアのせがれとして生まれたサムエルソンは幼いころから神童と呼ばれるような少年であった。わずか16歳でシカゴ大学経済学部に入学したと言えば，その天才振りは想像に難くないだろう。

20歳で大学を卒業した彼はハーバード大学の大学院に進む。そこで彼は，**シュンペーター**のゼミに入り，多くの優秀な友人と知り合い刺激を受けた。しかし，その時代の彼にとって何より重要だった出会いはケインズ理論との邂逅だった。その後，彼はマサチューセッツ工科大学の教授として長く活躍して現在に至っている。経済学のあらゆる分野に渡る彼の業績は枚挙に暇がないのであるが，ここではあえてそれらには目をつぶり，現代の経済学の構図を作った人として紹介したいと思う。大学の経済学部で学ばれていたり，図書館や本屋で経済学の棚をご覧になったことのある人は当然ご存じだろうが，現在の経済学は大別して**ミクロ経済学**と**マクロ経済学**の2分野からなっている。この在り方を決定した著作こそ，サムエルソンの，そのものズバリ『経済学』という教科書だったのである。1948年に初版の出されたこの教科書は現在まで大幅な改訂を繰り返しながら版を重ねており，世界で一番売れた教科書の異名をとるまでになっている。近年は単著でなく，経済学の新しい動向を取り込むために弟子の**ノードハウス**との共著となっている。これには日本語の翻訳もあったが，英語がたいへん読みやすく分かりやすいので是非原語で読まれることをお勧めしたい。

　この教科書に，比較的短い間ではあったものの登場したのが**新古典派総合**という言葉だった。**新古典派**という用語は，**ケインズ革命**以降，その流れに対抗する従来の経済学の理論傾向を表わす言葉になっていたが，それらのなかにケインズ理論を取り込もうとする理屈が新古典派総合だったのである。どういうことかと言えば，まず，とりあえずは，**一般均衡**をその枠組みとする新古典派の考え方をミクロ経済学と呼んで，企業や消費者，市場での価格の形成に関する理論を扱う分野とし，ケインズの有効需要の理論に基づく考え方をマクロ経済学と呼んで，一国の経済全体の安定と財政や金融との関わりを扱う分野とすることで住み分けを図ろうということである。そして，より深くは，現実の経済には常に生じている一国経済全体に関わる一時的なアンバランスを，政府が**財政政策**，**金融政策**で速やかに解消し，その後は新古典派の説く市場のメカニズムすべてを任せればよいという考えであった。政

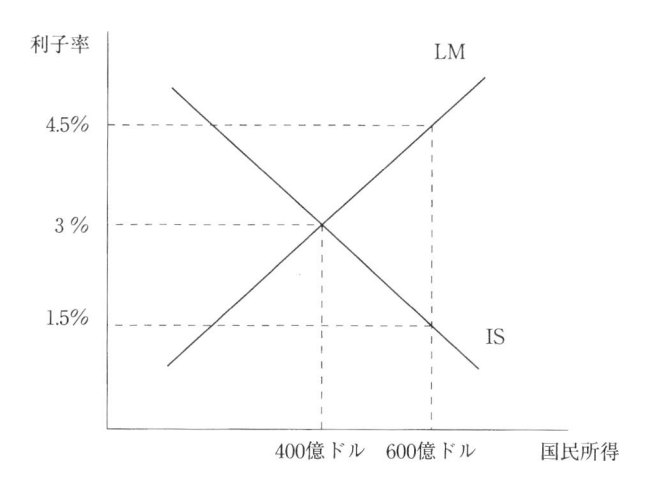

```
利子率
        |              LM
   4.5% |----------·
        |    \    /
    3 % |------\·/
        |      /·\
   1.5% |----·/---\----
        |    /     \ IS
        |_____
           400億ドル 600億ドル  国民所得
```

策によって失業や資本の遊休がなくなれば，その経済は**労働市場**や**資本市場**を含めてすべての市場で均衡が達成された一般均衡の状態にあるからである。彼の分かりやすく受け入れやすい理屈は，アメリカの経済学者や学生たちの常識となっていった。

　アメリカのケインジアンたちの実利的で操作のしやすい理論を好む傾向によって，ケインズの理論にも，もともとの文脈と離れて標準的な解釈が施されていった。その最も分かりやすい事例が**IS-LM分析**であろう。長くケインズ理論の代名詞ですらあった IS-LM 分析の図は，もともとは**ヒックス**によって開発され，アメリカで**ハンセン**によって大々的に広められたことから**ヒックス＝ハンセン図**とも呼ばれるものである。これは，不景気の苦しい状況下で企業は需要さえあれば無条件に供給を増やすという前提の下に，有効需要，したがって，**国民所得**がどうやって決定されるかを，経済の実物面を表わす**財**の市場と経済の金融面を表わす**貨幣**の市場を同時に考慮に入れて分析する枠組みである。ここにはケインズの理論のユニークな面だけが，市場の均衡分析の発想を利用して巧みに公式化されている。

　上の図を見てほしい。この図はある国について描かれたものである。横軸にはこの国の国民所得が，縦軸にはこの国の**利子率**が計られている。その平

面にそれぞれ IS 曲線，LM 曲線と名前の付けられた 2 本の曲線が描かれている。右下がりの IS 曲線は，財の種類は問わないことにして，とにかく全体として作られた財がみんな売れるような国民所得と利子率の組み合わせを結んだものである。この曲線の上ではどこでも財の市場はバランスしている。IS 曲線が右下がりになるのは，次のように理解できる。作られた財の一部は，まず所得から賄われる**消費**に使われて消えていく。所得の残りは貯蓄されるか税金にとられるかするので，消費後にはそれらの金額に相当する財が残るはずだ。もし，企業の**投資**と政府の**財政支出**がその財の合計金額を下回れば売れ残りが生じる。逆であれば品不足になる。だから，財市場が均衡しているとき，投資 I と財政支出の和が**貯蓄** S と税金の和に等しくなっているはずなのである。いま，IS 曲線の上のどこかの点から出発して，国民所得だけを少し増やしたとしよう。これは貯蓄の金額を増やすだろうから財の売れ残りが生じるはずである。バランスを回復するためには利子率が下がって投資も増えなくてはならない。つまり，IS 曲線上のどんな点から出発しても右に行ってから下に行けば，また IS 曲線上にいるはずなのである。こうして IS 曲線は右下がりになる。

次に，右上がりの LM 曲線は，この国の中に出回っている貨幣がみんな誰かによって持たれているような国民所得と利子率の組み合わせを結んだものである。この曲線の上ではどこでも貨幣の市場はバランスしている。LM 曲線が右上がりになるのは，次のように理解できよう。その年に出回っている貨幣の量はもう決まっているので，その貨幣をみんな喜んで持つかどうかは貨幣への需要の問題である。ケインズは人々が貨幣を持つ理由を，貨幣が証券と違って利子は生まないものの，元本割れを起こさない確実な資産だからという点に求めた。人々の貨幣に対するこうした愛着をケインズは**流動性選好**と名付けている。LM 曲線の M はマネーの頭文字，L は流動性選好の意味のリクィディティ・プリファレンスの頭文字である。こう考えると，利子は貨幣，すなわち，**流動性**を手放すことへの見返りと解釈される。将来の消費に対する現在の消費への高い評価の現れと考える**フィッシャー**とはずいぶん

考え方が違うのである。今，LM 曲線の上のどこかの点から出発して，国民所得だけを少し増やしたとする。これは暮らし向きがよくなったことを意味するので，人々は買い物や不意の出費に備えて手元に置いている現金も増やそうとするだろう。だが，この国に出回っているお金の量は限られているので，このままでは需要を満たし切れない。バランスを回復するためには利子率が上がって，利子を生まない現金を持っていると損だよ，という気持ちを強くしなければならないのである。つまり，LM 曲線上のどんな点から出発しても右に行ってから上に行けば，また LM 曲線上にいるはずだ。こうして，LM 曲線は右上がりになる。

　このような関係から求められる 2 本の直線の交点が示す目盛を読めば，この国の有効需要，したがって，国民所得と利子率とを求めることができる。図の例では，国民所得は 400 億ドル，利子率は 3％ に決まる。しかし，ケインズ理論の特徴として，この国民所得は完全雇用を保証するものではない。実際，この国では 600 億ドルの生産がなければ完全雇用にならないとしよう。そこに到達する方法は 2 つある。1 つは IS 曲線を右上に移動させることであり，もう 1 つは LM 曲線を右下に移動させることである。前者は財政支出の増加か減税で達成され，財政政策と呼ばれる。後者は貨幣をより多く市中に出回らせることで達成され，金融政策と呼ばれている。もちろん，それらを組み合わせることもできる。しかし，どちらの政策も効果があるのは 600 億ドルに達するまでであり，完全雇用が達成されてしまえば，財政政策は利子率の上昇によってそれと同額の投資の減少を呼んでしまうし，金融政策はインフレを発生させる結果に終わってしまうのである。

24

新古典派マクロ経済学の登場

■ Friedman & Schwartz, *Monetary History of the United States 1867-1960*『アメリカ貨幣史』1963年

　アメリカの戦後の経済的繁栄は1960年代になると陰りを見せ始める。他の先進国が戦争の痛手から立ち直ったことで，アメリカ製品の国際市場でのシェアが失われ始めたのである。また，戦後の経済成長や冷戦体制を支えるためにアメリカはドルを惜しみなく市中に撒き散らしてきたが，これがゆっくりとしたインフレを経済に根付かせることになっていた。**IS-LM分析**を中心に理論を組み立ててきたアメリカの**ケインジアン**はそれまでインフレにはまったく無防備であった。LM曲線はその年の**物価水準**を前提にしてはじめて1本引くことができるので，IS-LM分析自体で物価水準を決めることはできない。そこで彼らは，経済学者フィリップスが長期間に渡るイギリスの歴史的データから発見していた**失業率**と賃金上昇率との関係に目を付けた。そこには，失業率が高いときには賃金上昇率が低く，失業率が低いときには賃金上昇率が高いという関係がはっきりと現われていたからである。アメリカのケインジアンは賃金上昇率を**インフレ率**に変えてアメリカのデータを当てはめてみた。するとなんと同じようなトレードオフの関係が成り立つではないか。まさにこれは天のお導きであった。ある年の物価水準を与えれば，この関係から任意の年の物価水準を予測できる。今度はそれをIS-LM分析に

157

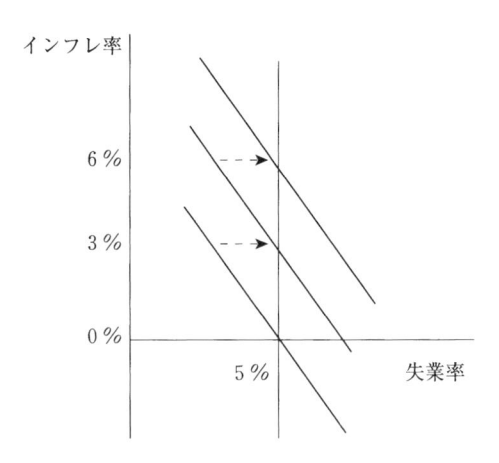

使えばこれまでと同じく政策提言ができるのだ。彼らは失業率とインフレ率とのあいだに成り立つこの関係を**フィリップス・カーブ**と呼んで自らの道具箱に加えた。上の図に示したような右下がりの曲線の関係がそれである。彼らはこの経験則に基づき，国民にこう言ったのである。インフレがいやなら高い失業率を受け入れなさい，高い失業率がいやならインフレを受け入れなさい。あなた方にどちらかを選んでもらいたい。そうすれば私たちは適切な政策提言をしよう，と。

　しかし，彼らを絶望させることが起きる。それは**スタグフレーション**と呼ばれる現象であった。失業率はまだ高いにも関わらずインフレがどんどん加速し始めたのである。彼らのフィリップス・カーブがまるで不安定に右上に移動し始めたかのように見えた。これは今から考えると，長く続いた高度成長の結果，天然資源や労働が売り手市場になってきて，それらの値上がりが物価を押し上げたと理解できる。しかし，供給の要因をほとんど無視してきたケインジアンの枠組みではそれは説明不可能の現象のように思えたのであった。

　そんななか，一躍経済学の表舞台に躍り出たのが**マネタリスト**と呼ばれる経済学者たちであった。その考えの提唱者で代表的な人物が**フリードマン**で

ある。彼はニューヨークの貧しい家庭に生まれ苦学して大学を卒業した後，シカゴ大学で研究者の道に入った。そして，研究所，大学の仕事に着きながら主に最初，実証研究の分野で仕事をし，弟子のシュワーツとの共著で大作『アメリカ貨幣史』を完成させている。そんな地味な研究者の遅咲きの舞台を，時代が準備した。彼の長年の主張であったケインズ政策批判と貨幣供給の安定によって物価を安定することを第一とせよという提言が，広く共感を呼ぶようになったのである。彼はアメリカ経済学会の会長の地位に上り，ノーベル賞も受賞している。1980年代にはアメリカ政府も彼の主張を政策の基礎として受け入れた。国際通貨体制の崩壊とオイルショックでインフレが恐ろしく加速していた1970年代のアメリカでは彼らの主張はきわめて現実的に映ったのである。

　しかし，彼の力強く分かりやすいが深みのない理論は，玄人経済学者の興味の対象からは徐々に外れていく。1970年代には**ルーカス**や**サージェント**によって，高度な確率論を使って人々の合理的な期待形成を定式化した**合理的期待形成理論**が大いに研究されるようになっていた。さらに，1980年代に入ると，経済の不均衡な変動を表わす代表的な現象と思われていた景気循環もまた，人々の合理的で最適な選択の結果だと主張する**実物的景気循環論**が，**キドランド，プレスコット，キング，プロッサー**たちによって提起された。私が大学院で勉強していた1980年代には，ちょうど彼らの論文がテキストとして使われていたが，その美しい理論展開に感動すると同時に，現実の国内経済や国際経済の激動ぶりと見比べて，果たしてこんな経済学でいいのだろうか，と複雑な感慨を持ったことを覚えている。

　さて，図を使って，フリードマン以降のマクロ経済学の主張をざっと見ておこう。最初にご説明したようにフィリップス・カーブでは横軸に失業率，縦軸にインフレ率が計られている。ケインジアンは，図の一番下にある右下がりの直線のような関係を想定して，失業率を5％以下に下げたいのなら何ほどかのインフレは我慢しなくてはならないと言ったわけである。たとえば，政府の政策によって失業率をズーッと下げていくとこの直線に沿ってインフ

レ率は3％まで上がる。この主張に対してフリードマンは，もともとそのような安定した関係はないのだと言う。物価の上昇に伴って一時的に失業率が下がっていくのは，賃金が上がっているのかな，とか，うちの製品の売れ行きがいいのかな，とかみんなが自分に都合よく勘違いして生産を増やすからだというのである。さすがに，みんなやがて間違いに気付くので，生産は元に戻るがインフレ率3％はもうみんなの頭のなかにインプットされていて，それを前提とした値段付けをするために実際にインフレが続いてしまう。政府が性懲りもなくまた失業率を下げるような政策をすると，今度は3％を前提にその上をいくインフレが起こる。そして，また人々が過ちに気づいて生産が元に戻ったときには，前よりひどい6％のインフレだけが残っているというわけなのだ。彼は，ケインジアンが想定したような右下がりの関係を**短期フィリップス・カーブ**と呼び，本当に成り立つ関係である**長期フィリップス・カーブ**は失業率5％のところで垂直に立っていると主張した。彼に言わせると，このもともとの失業率こそ，あってあたりまえの**自然失業率**であって，そこで失業している人は，よりよい職を探すためやリフレッシュのために自発的に失業しているのだと述べたのである。この図に関して，ルーカスら**マクロ合理的期待学派**がマネタリストと違う点は，使う数学の程度を別にすれば，フリードマンの時間をかけたジグザグの移動に対して，長期フィリップス・カーブの上を経済が瞬時に移動することである。なぜなら，民間は十分に賢く合理的だから，政府が何かしたら瞬時にその究極の結果を見抜くからである。こうして，マクロ合理的期待学派に言わせると，失業率が上がったり下がったりするのも，景気循環が生じるのも政府に原因があることになる。それは政府が民間を意図的に騙しているからなのである。何をするかきちんと民間に情報を流しさえすれば，そのような無用な変動は生じないはずだというのが彼らの主張である。それでもやはり景気循環は厳然とある。そこで実物的景気循環論が登場してくる。その議論では，景気循環はこう説明される。現実の経済ではいろいろな原因で財の生産性が予告なく変動しており，合理的な民間はそれに対して最適な反応をする。その反応の結果として

大きく生産規模が変化することがあるのだ，と。この理屈からは，最適な反応である以上，景気循環を抑え込むような政策はかえって経済にとって有害だという結論が導かれることになる。

　このように，近年のマクロ経済学の発展は，ひたすらに民間経済の賢さと政府の政策の不必要さを強調する方向に向いてきた。これは，アメリカで定式化されたケインズの理論が時代にそぐわなくなってきたことへの過剰反応の面もあるだろう。しかし，この過程を通じてマクロ経済を分析する道具立てが鍛えられてきたことも事実である。1980年代以降は，合理的期待などの分析用具を使って市場の均衡を妨げる**硬直性**を説明しようとする**ニュー・ケインジアン**と呼ばれる経済学者の一群も現われている。多くの優れた手法の開発と蓄積は必ず，私たちの経済への認識を目覚ましく深めるような画期的な理論を生み出してくれるはずだ。経済学の歴史はこれまでそうであったし，これからもそうだと，私は信じている。

さいごに

　この本を最後まで読まれて，皆さんは経済学の面白さを発見されただろうか。そうであるなら，私にとって何よりうれしいことである。
　このあとは，経済学のさまざまな分野についての入門書から始めて，いろいろな本に挑戦してほしいと思う。本書のおわりでは，特に経済学の歴史や，経済学者の人間像に興味を持たれた方々のために，次の段階で読むべきいろいろな経済学史の本を紹介した。と言っても，いろいろな著者のいろいろな著作が古今東西たくさんあるので，比較的に近年，日本語で書かれた著作に限りたい。あんまりいっぱい言われても探すのがたいへんだろうから。
　また，本書とともに私の経済学読み物三部作を構成する，『経済学の知恵──現代を生きる経済思想──』，および，『経済学オープン・セサミ──人生に得する15の奥義──』も手に取っていただけるなら，これに勝る喜びはない。
　本書はこれまで別の出版社から出していたが，事情があって今回ナカニシヤ出版から新版として再出版することになった。基本的に変更した点はないが，読みやすさを考えて文末表現を変更するとともに若干の説明を加えている。いずれにしても，旧著の簡潔さを損ねるものではない。
　新版の出版にあたって，編集者の津久井輝夫氏にはたいへんお世話になった。この場を借りて謝辞を申し述べたい。また，これもいつものことながら，本書を妻・祥恵と一人娘であるロシアンブルーのソフィアに捧げることをお許しいただきたい。

文献リスト （出版年順）

■経済学通史

小田中直樹『ライブ・経済学の歴史――〈経済学の見取り図〉をつくろう』（勁草書房，2003年）

中村達也『経済学の歴史――市場経済を読み解く』〈有斐閣アルマ〉（有斐閣，2001年）

根岸隆『経済学史入門〔改訂版〕』（日本放送出版協会，2001年）

根井雅弘『経済学の歴史』（筑摩書房，1998年）

大田一広他『経済学の世界へ――経済の歴史と経済学の歩み』〈有斐閣アルマ〉（有斐閣，1998年）

馬渡尚憲『経済学史』（有斐閣，1997年）

根岸隆『経済学の歴史〔第2版〕』〈スタンダード経済学シリーズ〉（東洋経済新報社，1997年）

田中敏弘『経済学史』〈基本経済学シリーズ〉（八千代出版，1997年）

松嶋敦茂『現代経済学史1870～1970――競合的パラダイムの展開』（名古屋大学出版会，1996年）

ハンス・ブレムス，駄田井正他訳『経済学の歴史1630～1980――人物・理論・時代背景』（多賀出版，1996年）

伊藤誠『経済学史』（有斐閣，1996年）

根岸隆他『経済学のパラダイム――経済学の歴史と思想から』（有斐閣，1995年）

田中敏弘・山下博『テキストブック近代経済学史〔改訂版〕』（有斐閣，1994年）

池尾愛子『20世紀の経済学者ネットワーク日本からみた経済学の展開』（有斐閣，1994年）

駄田井正『経済学説史のモデル分析〔第2版〕』〈経済工学シリーズ〉（九州大学出版会，1994年）

三土修平『経済学史』〈新経済学ライブラリー〉（サイエンス社，1993年）

美濃口武雄『経済学説史――イギリスの経済と経済学の歴史〔改訂版〕』〈経済学

基礎シリーズ〉(創成社, 1991年)

早坂忠『経済学史——経済学の生誕から現代まで』〈Basic Books〉(ミネルヴァ書房, 1989年)

小林昇・杉原四郎『経済学史〔新版〕』〈有斐閣双書〉(有斐閣, 1986年)

山口正春『経済学説と思想の歴史』(北樹出版, 1989年)

宇沢弘文『経済学の考え方』〈岩波新書〉(岩波書店, 1989年)

■経済学者

石沢芳次郎『経済学者物語——時代をリードした俊英たち』(東方書林, 2003年)

若田部昌澄『経済学者たちの闘い——エコノミックスの考古学』(東洋経済新報社, 2003年)

ディアドラ・N. マクロスキー, 赤羽隆夫訳『ノーベル賞経済学者の大罪』(筑摩書房, 2002年)

マリル・ハート・マッカーティ, 田中浩子訳『ノーベル賞経済学者に学ぶ現代経済思想』(日経 BP 社, 2002年)

日本経済新聞社編『経済学をつくった巨人たち——先駆者の理論・時代・思想』〈日経ビジネス人文庫〉(日本経済新聞社, 2001年)

日本経済新聞社編『現代経済学の巨人たち——20世紀の人・時代・思想』〈日経ビジネス人文庫〉(日本経済新聞社, 2001年)

福岡正夫『歴史のなかの経済学——一つの評伝集』(創文社, 1999年)

今静行『経済学通になる本——シュプールを描いた経済学者たち』(オーエス出版, 1998年)

金森久雄『大経済学者に学べ』(東洋経済新報社, 1997年)

マーク・ブローグ, 中矢俊博訳『ケインズ以後の100大経済学者——ノーベル賞に輝く人々』(同文館出版, 1994年)

菱山泉『ケネーからスラッファへ——忘れえぬ経済学者たち』(名古屋大学出版会, 1990年)

マーク・ブローグ, 中矢俊博訳『ケインズ以前の100大経済学者』(同文舘出版, 1989年)

■経済思想

松原隆一郎『経済思想』(新世社:サイエンス社, 2001年)

経済学史学会編『経済思想史辞典』(丸善, 2000年)

中村広治・高哲男他『市場と反市場の経済思想——経済学の史的再構成』〈Minerva Text Library〉(ミネルヴァ書房, 2000年)

山﨑好裕『経済学の知恵——現代を生きる経済思想』(ナカニシヤ出版, 1999年)

荒川章義『思想史のなかの近代経済学——その思想的・形式的基盤』〈中公新書〉(中央公論新社, 1999年)

竹内靖雄『経済思想の巨人たち』〈新潮選書〉(新潮社, 1997年)

森嶋通夫『思想としての近代経済学』〈岩波新書〉岩波書店, 1994年〉

八木紀一郎『経済思想』〈日経文庫〉(日本経済新聞社, 1993年)

馬渡尚憲『経済学のメソドロジー——スミスからフリードマンまで』(日本評論社, 1990年)

西山久徳『経済思想史』(文化書房博文社, 1988年)

R. D. コリソン・ブラック, 田中敏弘訳『経済思想と現代——スミスからケインズまで』(日本経済評論社, 1988年)

■アダム・スミス

田中正司『アダム・スミスと現代』(御茶の水書房, 2000年)

水田洋『アダム・スミス——自由主義とは何か』〈講談社学術文庫〉(講談社, 1997年)

■限界革命

中路敬『アーヴィング・フィッシャーの経済学——均衡・時間・貨幣をめぐる形成過程』(日本経済評論社, 2002年)

御崎加代子『ワルラスの経済思想———般均衡理論の社会ヴィジョン』(名古屋大学出版会, 1998年)

井上琢智『ジェヴォンズの思想と経済学——科学者から経済学者へ』〈関西学院大学研究叢書〉(日本評論社, 1987年)

根岸隆『ワルラス経済学入門——「純粋経済学要論」を読む』〈岩波セミナーブックス〉(岩波書店, 1985年)

■ケインズ革命

入江雄吉『ケインズの「一般理論」を読む』(PHP 研究所, 2003年)

ロバート・スキデルスキー, 浅野栄一訳『ケインズ』(岩波書店, 2001年)

平井俊顕『ケインズ・シュムペーター・ハイエク——市場社会像を求めて』〈Minerva 人文・社会科学叢書〉(ミネルヴァ書房, 2000年)

伊藤邦武『ケインズの哲学』(岩波書店, 1999年)

福岡正夫『ケインズ』(東洋経済新報社, 1997年)

根井雅弘『ケインズを学ぶ——経済学とは何か』〈講談社現代新書〉(講談社, 1996年)

那須正彦『実務家ケインズ——ケインズ経済学形成の背景』〈中公新書〉(中央公論新社, 1995年)

吉川洋『ケインズ——時代と経済学』〈ちくま新書〉(筑摩書房, 1995年)

小野善康『不況の経済学——甦るケインズ』(日本経済新聞社, 1994年)

伊東光晴『ケインズ』〈講談社学術文庫〉(講談社, 1993年)

根井雅弘『「ケインズ革命」の群像——現代経済学の課題』〈中公新書〉(中央公論新社, 1991年)

浅野栄一『ケインズ』〈Century Books〉(清水書院, 1990年)

根井雅弘『マーシャルからケインズへ——経済学における権威と反逆』(名古屋大学出版会, 1989年)

伊東光晴『ケインズ——"新しい経済学"の誕生』〈岩波新書〉(岩波書店, 1986年)

■フォン・ノイマン

ノーマン・マクレー, 渡辺正訳『フォン・ノイマンの生涯』〈朝日選書〉(朝日新聞社, 1998年)

ウィリアム・パウンドストーン, 松浦俊輔訳『囚人のジレンマ——フォン・ノイマンとゲームの理論』(青土社, 1995年)

■マクロ経済学

ウォレン・ヤング, 富田洋三訳『IS‐LM の謎——ケインズ経済学の解明』(多賀出版, 1994年)

ジェラルド・ロイ・スティール, 名取昭弘訳『マネタリズム——ケインジアン経

済学の崩壊』(文化書房博文社,1992年)

エイモン・バトラー,宮川重義訳『フリードマンの経済学と思想』(多賀出版,1989年)

人名索引

ア行

アリストテレス(Aristotle)　3
アロー(Arrow, Kenneth J.)　135,140
　-143,148
ヴィクセル(Wicksell, Johan Gustaf Knut)　44,46,78
ヴィーザー(Wieser, Friedrich von)　37
ウィックスティード(Wicksteed, Phillip Henry)　44
エッジワース(Edgeworth, Francis Ysidro)　47,48,77

カ行

角谷静夫　135
カルドア(Kaldor, Nicholas)　83-88,96,139
カレツキー(Kalecki, Michal)　101
キドランド(Kydland, Fynn E.)　159
キング(King, Robert G.)　159
クライン(Klein, Lawrence Robert)　100,117,118
クラーク(Clark, John Bates)　44
クールノー(Cournot, Antoine Augustin)　21
ケインズ(Keynes, John Maynard)　19,48,56,63,67,75,78,88,96,97-101,103,105,108,109,111,117-119,122,145,146,152,154,161
ケネー(Quesnay, François)　4-7
コース(Coase, Ronald H.)　66
ゴッセン(Gossen, Hermann Heinrich von)　22
コペルニクス(Copernicus, Nicolaus)　97

サ行

サージェント(Sargent, Thomas J.)　159
サムエルソン(Samuelson, Paul Anthony)　81,99,134,139,151,152
ジェボンズ(Jevons, William Stanley)　23,24,26-28,31,32
シトフスキー(Scitovsky, Tibor de)　86
シャックル(Shackle, George L.S.)　146
シュワーツ(Schwartz, Anna J.)　159
シュンペーター(Schumpeter, Joseph Alois)　iii,118,122,152
スミス(Smith, Adam)　9-13,15,23,145
スラッファ(Sraffa, Piero)　89,90
スルツキー(Slutsky, Eugene)　81
ソロー(Solow, Robert Merton)　111,112

タ行

チェンバレン(Chamberlin, Edward Hastings)　91,94,96
ドブリュー(Debreu, Gerard)　135
ドマー(Domar, Evsey D.)　106

ナ行

ナイト(Knight, Frank Hyneman)　145
ナッシュ(Nash, John Forbes, Jr.)　129
二階堂副包　135
ニュートン(Newton, Isaac)　9
根岸隆　135
ノイマン(Neumann, John von)　125-127,130,134,135,146
ノードハウス(Nordhaus, William D.)　152

ハ行

バーグソン(Bergson, Abram)　139
パレート(Pareto, Vilfredo Federico Damaso)　47-49,52,78
ハロッド(Harrod, Roy Forbes)　106,108,111
ハンセン(Hansen, Alvin H.)　100,153
ピグー(Pigou, Arthur Cecil)　24,56,63,

169

66,67,84,85,139
ヒックス(Hicks, John Richard) 77,78,81-83,126,134,139,153
フィッシャー(Fisher, Irving) 38,70-72,74,75,154
フェルプス(Phelps, Edmund S.) 115
フリードマン(Friedman, Milton) 157,159,160
フリップス(Phillips, Alban William) 157
プレスコット(Prescott, Edward C.) 159
プロッサー(Plosser, Charles I.) 159
ベーム－バヴェルク(Böhm-Baverk, Eugen von) 37-39,41,70
ベンサム(Benthum, Jeremy)

マ 行

マーシャル(Marshall, Alfred) 22,55-61,63,66,67,86,89-92,94,97,98,109
マーシャル(Marshall, Mary P.) 56
マルクス(Marx, Karl) 13
マルサス(Malthus, Thomas Robert)

16,19
メンガー(Menger, Karl) 23-26,28,31,32,37
モルゲンシュテルン(Morgenstern, Osker) 125-127,130,146

ラ 行

リカード(Ricardo, David) 13,15,16,19,20,22
ルーカス(Lucas, Robert E., Jr.) 159,160
レオンチェフ(Leontief, Wassily) 118,121,122
ロビンズ(Robbins, Lionel Charles) 83,84,88,139
ロビンソン(Robinson, Joan Violet) 56,89,91,94,96

ワ 行

ワルラス(Walras, Marie Esprit Léon) 23,26,28,31-33,35,43,44,46,47,59,78,81,133,134

事項索引

ア 行

IS-LM 分析　153,157
IS-LM モデル　78
IS 曲線　154,155
安定条件　81,133-135
意思決定論　149
一般可能性定理　140,141,143
一般均衡　31,34,70,77,81,82,125,126,133,134,137,140,152,153
　——解　33
　——点　136,137
　——理論　32,44,46,47,56,81,82,103,118,130,131,133,135,151
インフレ率　157,159
迂回生産　39-41
エッジワース・ボックス　48,51,87,135
LM 曲線　154,155,157

オーストリア学派　25,27,37,70,118,125
驚き(サプライズ)　146

カ 行

階級　4,6,15,22,58
外部経済　64
外部不経済　64-66
価格　11-13,28,32-35,59,65,78-82,89,91-94,134,136,137,152
科学革命　22
寡占　91,96
価値判断　84
価値論　11,13,23,28
株式会社　90
貨幣　4,6,7,11,98,103,106,153,154
完全競争　60,90,92-94,96
完全雇用　98,101,151,155
危険→リスク

基数的効用理論　49
帰属理論　27, 43
期待効用　146, 148
供給　33-35, 57, 58, 61, 71, 75, 81, 82, 101, 103, 105, 112, 133, 134, 153, 158
供給曲線　57-60, 63, 64
均衡　33, 129, 134, 153
金融政策　152, 155
経済表　5
契約曲線　52, 53, 87, 135, 136
計量経済学（エコノメトリクス）　117-122
ケインジアン　151, 153, 157-160
ケインズ革命　97, 99, 101, 105, 152
ゲームの解　128, 129, 135
ゲーム理論　96, 125-127, 130, 131, 135, 146, 149
限界革命　21-23, 27, 28, 60, 61, 97
限界効用　27, 28, 33, 58, 59, 67
限界収入　95
　——曲線　95
限界生産力　44-46
　——説　22, 41, 44-46
限界費用　58, 89, 92, 93
　——曲線　92-94
減価償却費　60, 92
ケンブリッジ学派　56, 60, 63
交換価値　27
工場制手工業　10
厚生　66, 67, 84, 139
厚生経済学　66, 67, 84-86, 139
硬直性　161
効用　26-28, 33, 48, 49, 58, 67, 70, 85, 136, 146-148
効用の個人間比較　85, 86, 139
合理的期待形成理論　159
国際収支表　123
国内総生産（GDP）　100
国民所得　100-102, 107, 108, 118-120, 153, 155
穀物法　16, 19, 20
コースの定理　66
ゴッセンの法則　22
固定費用　93
古典派　15, 22, 23, 27, 38, 39, 43, 60, 61
コルベール主義　5

サ　行

財　4, 12, 37, 39, 61, 67, 72, 101, 133-135, 153, 154
最終需要　122
最小2乗法　120
財政支出　154, 155
財政政策　152, 155
財蓄　154
産業連関表　121, 122
産業連関分析　118, 121, 122
産出　121
市場　11, 21, 32, 33, 35, 45, 56, 57, 59, 60, 81, 82, 89-91, 94, 103, 111, 112, 127, 134, 152-154
自然失業率　160
自然成長率　108, 111, 112
失業　98, 102, 108, 153
失業率　157, 158, 160
実物的景気循環論　159
私的限界費用　64, 65
シトフスキー・フロンティア　87
地主　15, 18, 101
地主階級　6, 7
支払利子　60, 92
資本　12, 16, 18, 38-41, 44, 46, 82, 100, 101, 105, 107, 111, 113
資本家　15, 17, 18, 38-41
資本市場　153
社会厚生関数　139-141
社会的限界費用　63, 65
収益　74
重商主義　10
囚人のジレンマ　127, 129
重農主義　3, 4
需要　33-35, 57, 58, 61, 71, 75, 81, 82, 92, 94, 96, 101, 103, 105, 133, 134, 151, 153, 155
需要価格　92, 96
需要曲線　35, 36, 60, 63, 65, 66, 94-96
使用価値　27
消費　22, 26, 27, 43, 50, 51, 73-75, 79, 102, 103, 114, 115, 118-120, 154
消費者余剰　59, 86
情報　145, 149
初期保有点　135
序数的効用理論　49
所得　71-75, 79-81, 101, 102, 107, 112, 113,

139, 146-148
所得効果　80, 81
新オーストリア学派　25
進化ゲーム　127
新厚生経済学　86, 139
新古典派　61, 109, 152
　　——成長理論　111
　　——総合　152
　　——の黄金律　115
スタグフレーション　158
生産階級　6, 7
生産可能性フロンティア　72
生産者余剰　60, 86
生産能力　105, 107
生産要素　43-46, 112
製品差別化　91
政府支出　102
戦略　128, 146
総効用　28
存在証明　134, 135, 140

タ 行

代替効果　80, 81
多数決　141
短期フィリップス・カーブ　160
地代　7, 11-13, 17-19
超過供給　137
超過需要　137
長期フィリップス・カーブ　160
貯蓄　79, 102, 107, 108, 114
貯蓄率　112-115
賃金　11, 17, 41, 100, 160
ツール　iii
投資　74, 82, 98, 101-103, 105, 107, 108, 114, 154
投資機会曲線　72-74
投入　121
投入係数表　122
独裁制　142
独占　90, 91, 95
独占的競争　92, 95

ナ 行

ナッシュ均衡　129, 135
ニュー・ケインジアン　161

ハ 行

パラダイム・チェンジ　22
パレート最適　52, 129
ピグー税　66
ビジョン　iii, iv
ヒックス＝ハンセン図　153
費用便益分析　88
フィジオクラシー　3, 4
フィッシャー効果　70
フィリップス・カーブ　158, 159
付加価値　121
不確実性　141, 145, 146
不完全競争　91, 95, 96
　　——理論　89
不生産階級　6, 7
物価水準　98, 157
不動点定理　135
部分均衡理論　56, 57
分業　10
平均費用　90, 92, 93, 96
　　——曲線　92-94, 96
貿易黒字　10
補償原理　86-88
保証成長率　108, 111, 112
補助金　66
ボルダルール　142

マ 行

マクロ経済学　152, 159, 161
マクロ合理的期待学派　160
マニファクチャー　10
マネタリスト　158
ミクロ経済学　152
無差別曲線　50-52, 71-74, 78-80, 86, 87, 135, 136

ヤ 行

遊休　101, 102, 107, 153
有効需要　99-102, 105-107, 119, 152, 153, 155
予算制約線　79, 80
余剰分析　63, 86
45度線図形　99, 100

ラ 行

利子　38, 70, 74, 75, 154, 155

──率　71,73-75,78,98,103,106,153
　　-155
　──論　38,70,71,75
利潤　11-13,17-19,38,40,41,46,60,93,95,
　96,121
リスク　145,148
リスク回避　148
利得　128-130,146
流動性　154
　──選好　154

歴史学派　25
連続性　137
労働　10-13,27,39,44-46,100,101,111
労働市場　153
労働者　15,17,38-41,45
ローザンヌ学派　47

　　　　　　　ワ　行

ワルラスの法則　34

■著者略歴
山﨑好裕（やまざき・よしひろ）
1962年　青森県に生まれる。
1988年　東京大学経済学部卒業。
1993年　東京大学大学院経済学研究科博士課程修了。東京大学博士（経済学）。
1999年　デューク大学（アメリカ合衆国ノースカロライナ州）経済学部客員研究員。
現　在　福岡大学教授。
著訳書　『経済学オープン・セサミ――人生に得する15の奥義』（ナカニシヤ出版, 2003年）,『経済学の知恵――現代を生きる経済思想』（ナカニシヤ出版, 1999年）,『おもしろ経済学史――歴史を通した現代経済学入門』（三嶺書房, 1997年）,『基礎情報学――情報化社会への道しるべ』〔共著〕（共立出版, 2000年）,『企業と社会の境界変容――組織の原理と社会形成』〔共著〕（ミネルヴァ書房, 1999年）, S. D. コーエン『アメリカの国際経済政策――その決定過程の実態』〔共訳〕（三嶺書房, 1995年）。他に英語論文多数。

新版・おもしろ経済学史
――歴史を通した現代経済学入門――

| 2004年4月30日 | 初版第1刷発行 |
| 2025年3月27日 | 初版第14刷発行 |

著　者　山﨑好裕
発行者　中西　良

発行所　株式会社　ナカニシヤ出版

〒606-8161　京都市左京区一乗寺木ノ本町15
TEL (075)723-0111
FAX (075)723-0095
http://www.nakanishiya.co.jp/

©Yoshihiro YAMAZAKI 2004　印刷・製本／西濃印刷㈱
＊落丁本・乱丁本はお取り替え致します。
Printed in Japan　ISBN978-4-88848-858-7

◆本書のコピー、スキャン、デジタル化等の無断複製は著作権法上での例外を除き禁じられています。本書を代行業者等の第三者に依頼してスキャンやデジタル化することはたとえ個人や家庭内での利用であっても著作権法上認められておりません。

経済学オープン・セサミ
――人生に得する15の奥義――

山﨑好裕

15人の経済学者の生き方とその理論を追っていくことで、現代経済学の歴史と経済学全体の体系を楽しみながら理解できる。「開けゴマ！」の呪文とともに明かされる、人生に役立つ経済学の奥義。

二七〇〇円＋税

経済学の知恵【増補版】
――現代を生きる経済思想――

山﨑好裕

経済学の巨人たち26人の生涯とその思想を、エピソードを交え分かりやすく紹介。その中から私たちの生活へのヒントを読み取り、現代の経済を捉える複眼的な視点を説くユニークな経済学入門。

二四〇〇円＋税

アダム・スミスの誤謬
――経済神学への手引き――

D・K・フォーリー／亀﨑澄夫・佐藤滋正・中川栄治 訳

経済学の根底にあるスミスの思想の誤りとは何か。スミスをはじめリカードウ・マルクス・ケインズら主要な経済学者の理論の検討から、彼らが共通して依拠するスミス的な社会観を浮き彫りにし、その限界を明らかにする。

二七〇〇円＋税

経済学という市場の読み方【改訂版】
――その最低限単純マニュアルと思索への通路――

岡林 茂

ごく単純な原理さえ飲み込めば経済は理解できる。このモットーのもとに、基礎理論から複雑な経済現象までを分かりやすく読み解く、最初歩の経済学入門。豊富な例題と親切な模範解答つき。

三〇〇〇円＋税

表示は二〇二五年三月現在の価格です。